Ralf Schröder

OSLO

Norwegens Hauptstadt entdecken

vision2page

Impressum

Verlag *vision2page GmbH*
Am Sandfeld 4, 76149 Karlsruhe
Tel. 0721-6273810, Fax 0721-6273811
e-mail: info@vision2page.de
Autor *Ralf Schröder*
Fotos *Alle Aufnahmen Ralf Schröder, außer S. 7, 8, 9, 12, 49, 52 Color Line*
Art Director *Uwe Möller*
Layout *vision2page, Karlsruhe*
Karten *www.kartengrafik.de*
Lektorat *Birgit Bock-Schröder, Joachim Fischer*
Produktion *Joachim Fischer*
Druck *Schnitzer Druck GmbH, 71404 Korb*
Printed in Germany 2003

1. Auflage – 2003
ISBN 3-936911-06-1

Alle Angaben in diesem Reiseführer wurden gründlich geprüft. Für eventuelle Fehler kann der Verlag jedoch keine Gewähr und Haftung übernehmen. Hinweise und Anregungen bitten wir an den Verlag zu schicken.

Inhalt

Impressum 2

Inhalt 3

Durch den Oslofjord 4
Vom offenen Meer in die norwegische Hauptstadt

Die Schiffe der Color Line 8
Ein Stück Norwegen auf dem Meer

Der erste Blick auf Oslo 12
Die Stadt zwischen Berg und Meer

Der ideale Tag 16
Zeiteinteilung leicht gemacht

Oslos Geschichte 22
1000 Jahre auf dem Weg zur Hauptstadt
Adressen zum Thema Geschichte 28

Seefahrtsnation Norwegen 32
Forscher, Entdecker und Abenteurer
Die Geschichte der Color Line 36
Adressen zum Thema Seefahrt 40

Kunststadt Oslo 44
Norwegische Schaffenskraft durch zwei Jahrhunderte
Adressen zum Thema Kunst 50

Oslo sportlich 52
Wo der Skisport zu Hause ist
Adressen zum Thema Sport 57

Oslo kulinarisch 60
Ob Fisch oder Wild, danach gibt's Kaffee
Restaurant-Adressen 63

Shopping in Oslo 68
Rentierpullover, Trolle und Kunsthandwerk
Adressen zum Einkaufen 71

Oslos Umgebung 76
Kanäle, Fjorde und weite Höhen
Adressen für Touren in der Umgebung 82

Oslo A-Z 86
Gesundheit und Geld, Taxi und Telefon

Veranstaltungskalender 92

Karte Oslofjord **Klappe vorne**

Karte Oslo Übersicht **Klappe hinten**

Innenstadtplan Oslo **Klappe hinten**

Vom offenen Meer in die norwegische Hauptstadt

Die Fahrt durch den Oslofjord führt durch enge Passagen, bis mitten im Binnenland Oslo erreicht wird

Wie spät mag es sein? Durch den Vorhang dringt die Sonne in die Kabine, als sei es längst Zeit zum Aufstehen. Nein, nicht verschlafen, hier im Norden bleibt die Sonne im Sommer nicht nur abends länger am Himmel, sie kommt morgens auch früher wieder hervor. Draußen ist schon Land in Sicht. Eine halbe Stunde später am Frühstückstisch ist die Küste bereits viel deutlicher zu erkennen. Ist das noch Schweden oder schon die norwegische Uferlinie? Man könnte ja wetten, wenn es denn einen Schiedsrichter gäbe, der weiß, was dort zu sehen ist. Aber zum Kapitän auf die Brücke darf in den Morgenstunden niemand von den Gästen, denn er muss sich auf die Revierfahrt durch den Oslofjord konzentrieren.

An der Festung Akershus ist Oslo schon von weitem zu erkennen

Rund 110 Kilometer lang ist der Oslofjord. Die Angaben schwanken ein wenig, je nachdem, wo man den Beginn des Fjordes sieht. Trichterförmig geht es hinein ins Land. Dabei wird eine andere Route der Color Line gekreuzt: Sie verbindet das norwegische Sandefjord mit dem schwedischen Strömstad. An Steuerbord – für seemännische Laien: auf der rechten Seite – liegt Fredrikstad, vom Wasser aus kaum zu sehen. Rund um die in der Bucht vor Fredrikstad liegenden Inseln befindet sich eines von Norwegens besten Segelrevieren. Auch König Harald, der in jüngeren Jahren als Kronprinz an vielen internationalen Regatten teilnahm, segelt hier gern – wenn es denn die Staatsgeschäfte zulassen.

Der Fjord wird langsam enger, trotzdem wirkt Tønsberg am Westufer noch weit weg. Als nächstes flankieren Horten und Moss die Fahrt, die durch eine kleine Autofähre über den Fjord miteinander verbunden sind. Doch wenn der Leuchtturm Gullholmen fyr passiert ist, weitet sich der Oslofjord wieder: Von der großen Bucht im Westen zweigt mit dem schmalen Drammenfjord der längste Arm des Oslofjords ab. Die Halbinsel Hurum trennt die beiden Gewässer.

Konnte das Schiff bisher noch mit voller Kraft voraus Oslo zustreben, wird die Fahrt gedrosselt, wenn es durch den nun folgenden schmalen Sund geht. Ganz nah erscheinen die bewaldeten Berge, die auf Hurum über 300 Meter hoch sind.

Die Kleinstadt Drøbak kommt an Steuerbord in Sicht. Sie zwängt sich an das steile Ufer des Fjords. Ein kleiner Hafen für Freizeitboote und weiße Holzhäuser ziehen vorbei. Was man nicht sehen kann, ist der Tunnel unter dem Oslofjord: Er verbindet die beiden Euro-

Vor Drøbak wurde 1940 die „Blücher“ versenkt. Heute kreuzen hier nur friedliche Segler

pastraßen 6 und 18, also Ost- und Westufer des Fjords, um so weiträumig die City der norwegischen Hauptstadt vom Durchgangsverkehr zu entlasten. Das waren aufwändige Arbeiten, denn der Fjord ist in dieser Passage zwischen 90 und 211 Meter tief.

Der Oslofjord teilt sich bei Drøbak: Die Insel Håøya liegt in seiner Mitte. Kanonenmündungen schauen von der Festung Oscarsborg herüber. Diese enge Durchfahrt, sie ist die schmalste des gesamten Fjords, ließ sich schon immer gut verteidigen. Das musste am 9. April 1940 der deutsche Kreuzer „Blücher" während der Besetzung Norwegens erfahren. Er wurde von den Kanonen so schwer getroffen, dass er sank. Bis heute liegt das Kriegswrack hier auf dem Grund des Oslosfjords

Nach der engen Passage vorbei an Håøya ist ein wenig Zeit, um sich auf den Landgang in Oslo vorzubereiten. Die letzte Stunde verbringt man am schönsten an Deck, denn Stück für Stück taucht Oslo auf. Bei klarer Sicht ist es meist die weiße Sprungschanze am Holmenkollen, die als erstes erkannt wird. Dort oben befindet sich Oslos begehrteste Wohnlage, und weil Norwegen ein gerechtes Land ist, hängt auf halber Höhe am Holmenkollen oft ein Dunstschleier – so erklären es jedenfalls diejenigen, die unten wohnen.

Oslos Rathaus ist an seinen massigen Türmen leicht zu erkennen

Sobald sich das Fährschiff der Hauptstadt nähert, ist an Backbord auf der äußersten Spitze der Halbinsel Bygdøy das markante, spitze Dach zu sehen, unter dem Nansens Polarschiff „Fram" liegt. Halb rechts voraus kommt mit dem zweitürmigen Rathaus das bekannteste Wahrzeichen Oslos in Sicht. Gleich wird das Fährschiff am Hjortneskai festmachen.

Im Oslofjord wurde ein kleines Leuchtfeuer zum Sommercafé umgestaltet. Taxiboote verkehren vom Rathaus

Ein Stück Norwegen auf dem Meer

Color Line verbindet Norwegen mit Deutschland, Dänemark und Schweden

Wenn sich zwei blau-weiße Schiffe im Oslofjord begegnen, winken die Gäste von Deck zu Deck hinüber. Jeden Nachmittag trifft die „Color Festival" auf ihrem Weg vom dänischen Hafen Hirtshals entweder auf die „Prinsesse Ragnhild" oder die „Kronprins Harald". Sie sind dann im tageweisen Wechsel von Oslo nach Kiel unterwegs. Dies sind nur zwei der insgesamt fünf Routen, auf denen Color Line Norwegen mit Deutschland,

Von Dänemark nach Oslo: Die Color Festival

Silvester in Oslo mit der Prinsesse Ragnhild

Dänemark und Schweden verbindet. Die schnellste und kürzeste Route besteht zwischen Hirtshals und Kristiansand in Südnorwegen. Dort wird im Sommer eine Schnellfähre eingesetzt, die die Strecke in zweieinhalb Stunden zurücklegt. Im Wechsel dazu fährt mit „Christian IV“ eine gemütliche Großfähre, die vier Stunden und 15 Minuten benötigt. Auf der dritten Dänemark-Route verbindet die bequeme „Peter Wessel“ Frederikshavn mit dem südnorwegischen Larvik. Außerdem gibt es noch die Kurzstrecke von Sandefjord nach Strömstad in Schweden.

Majestät lassen grüßen: Kronprins Harald beim Auslaufen

Auf der einzigen Direktverbindung zwischen Deutschland und Norwegen begegnen sich „Prinsesse Ragnhild“ und „Kronprins Harald“ nachts, ein Schiff fährt Richtung Oslo, das andere nach Kiel. Wer nach dem Besuch im Pub oder im Night Club noch einmal an Deck tritt, kann die Lichter des entgegenkommenden Schiffes vorbei gleiten sehen.

Ab Dezember 2004 wird es auf dieser Strecke noch heller glänzen, denn dann wird die neue „Color Fantasy“ in Dienst gestellt. Von der Ausstattung her handelt es sich um ein Kreuzfahrtschiff. Einziger Unterschied: Die „Color Fantasy“ hat auch ein Autodeck. Eine 120 Meter lange Einkaufspassage, ein Badeland, ein großer Wellness-Bereich, das sind völlig neue Dimensionen für die gesamte Fährschifffahrt.

Kreuzfahrt-Genuss mit der Color Fantasy ab Dezember 2004

Rund 110 Kilometer sind es vom offenen Meer durch den Oslofjord bis nach Oslo

Die Stadt zwischen Berg und Meer

Baden im Fjord im Sommer, Skilaufen am Holmenkollen im Winter – Oslo bietet ungemein viel Abwechslung

Was für eine ungewöhnliche Stadt: Drunten am Fjord gibt es tolle Badeplätze, oben auf dem Hausberg Holmenkollen erstklassige Loipen für Ski-Langläufer. Zwischen diesen Antipoden liegt eine interessante Stadt, deren Museen und Sehenswürdigkeiten reichlich Stoff für viele abwechslungsreiche Besuche bieten.

Dass Oslo zum Thema Seefahrt über erstklassige Museen verfügt, erstaunt nicht. Aber dass Oslo allein drei Museen mit Werken zeitgenössischer Kunst beherbergt, dürfte nur einem kleinen Kreis bekannt sein. Es gibt also viel zu entdecken!

Wenn das Schiff am Hjortneskai festgemacht hat, warten bereits die Busse vor dem Terminal. Wer sich auf Stippvisite zum ersten Mal in Oslo befindet, bekommt einen guten Überblick auf der großen Stadtrundfahrt, die etwa dreieinhalb Stunden dauert. Man kann aber auch den Bus ins Zentrum nehmen. Er fährt zum Hauptbahnhof, was auf Norwegisch Sentralstasjon heißt. Wer mag, kann auch zu Fuß ins Zentrum gehen, das etwa zwanzig Minuten entfernt liegt. Allerdings führt der Fußweg zunächst wenig schön zwischen der Europastraße und einem Hafengelände entlang. Oslos Hafen ist trotz der größeren Entfernung zum offenen Meer noch immer ein wichtiger Umschlagplatz, hier lagern Container und Importwagen hinter hohen Zäunen.

Das Königliche Schloss liegt zentral im Herzen der Hauptstadt

Ob vom Bus aus oder zu Fuß, zuerst sieht man auf dem Weg in die Innenstadt die Rückseite von Aker Brygge. Hier befand sich von 1854 bis 1982 eine Werft. Der letzte Neubau verließ die Osloer Werft 1978. Als klar war, dass der Betrieb geschlossen würde, begannen die Planungen für eine Umgestaltung.

Aus einem alten Dock wurde ein Hafen für Freizeitboote. Einzelne der alten Werkshallen blieben erhalten, anderes wurde komplett neu gebaut. So entstand ein völlig neuer Stadtteil mit kleinen Läden, Restaurants und Wohnungen direkt am Wasser. Man ahnt es schon: Diese Wohnlage steht dem Holmenkollen preislich in nichts nach. Schließlich gehört zu den teuren Appart-

Vom Rathaus schaut man direkt auf den Hafen mit den Traditions-Seglern

ments natürlich auch ein Bootsliegeplatz vor der Tür! Aker Brygge ist einer der beliebtesten Treffpunkte in Oslo, vor allem im Sommer, wenn die Restaurants Tische nach draußen stellen.

Gleich nebenan liegt das massige Rathaus, ein Backsteingebäude, das 1950 nach über dreißig Jahren Planung und Bau eingeweiht wurde. Über die Schönheit des Rathauses lässt sich streiten, auf jeden Fall ist es markant und wurde so zum Wahrzeichen der Stadt. Gegenüber von Aker Brygge liegt auf der anderen Seite der Bucht Pipervika die Festung Akershus auf einem Felsen. Vor dem Rathaus ragen Anleger in das Hafenbecken. Von hier fahren im Sommer die Taxiboote hinüber zur Museums-Halbinsel Bygdøy. Außerdem kann man sich am Anblick historischer Schiffe erfreuen, darunter einige Traditions-Segler.

Oslo hat rund 507.000 Einwohner. Das Stadtgebiet umfasst 453 km², wovon nur ein Drittel bebaut ist

Geht man um das Rathaus herum, gelangt man über den Fridtjof Nansens plass zu der großen Achse, die Oslo seit der Mitte des 19. Jahrhunderts ein neues Gesicht gegeben hat: Die Karl Johans gate verbindet alle historisch wichtigen Bauwerke der norwegischen Hauptstadt. Sie führt vom Königlichen Schloss an der alten Universität und dem Nationaltheater vorbei zum Parlament, dem Storting, und weiter zur Domkirche. Die Karl Johans gate ist ein Prachtboulevard, wie er einer europäischen Hauptstadt würdig ist.

Die Wachsoldaten vor dem Schloss sind Touristen gewöhnt

Weitere wichtige Sehenswürdigkeiten liegen außerhalb des Zentrums. Dazu zählt natürlich der Frognerpark mit den Statuen von Gustav Vigeland (s.S. 50), aber auch die Museen auf der Halbinsel Bygdøy. Dort befinden sich das Freilichtmuseum (Norsk Folkemuseum), die Wikingerschiffe (Vikingskipshuset), das Norwegische Seefahrtsmuseum sowie das Polarschiff „Fram" und Thor Heyerdahls Papyrusboot „Ra II".
Die folgenden Kapitel beschreiben die Sehenswürdigkeiten und Museen ausführlich.

Abendstimmung über dem See Bogstadvannet oben am Holmenkollen

Zeiteinteilung leicht gemacht

Wenn nur ein paar Stunden während der Stippvisite zur Verfügung stehen, sollten sie optimal genutzt werden

Wenn morgens um 9.30 Uhr das Schiff der Color Line am Hjortneskai festmacht, stehen bereits die Busse für die große Stadtrundfahrt bereit. Wer noch nie in Oslo war, kann so in kurzer Zeit einen sehr guten Überblick über die wichtigsten Sehenswürdigkeiten bekommen. Die einzelnen Museen und Attraktionen sind in den folgenden Kapiteln beschrieben.

Schwere Kunst und leichtes Leben

▼ Mit dem Bus auf Rundfahrt
Die Busse der Firma HMK sind mit gut ausgebildeten deutschsprachigen Guides besetzt. Zuerst fahren sie vom Kai zum Rathaus und dem Viertel Aker Brygge am Hafen. Die nächsten Stationen sind die Karl Johan gate, das Königliche Schloss und das Parlament. Von dort wird zum Vigelandspark gefahren, wo Zeit für einen Rundgang durch die Skulpturensammlung ist.

Anschließend geht es hinauf auf den Holmenkollen zur Sprungschanze. Der Blick aus rund 370 Metern Höhe auf den Fjord lässt die Schiffe drunten wie Spielzeugmodelle erscheinen. Bevor die Busse zum Color Line-Anleger zurückkehren, wird noch die Museums-halbinsel Bygdøy besucht. Je nach Saison und Öffnungszeiten der Museen stehen hier die Wikingerschiffe oder das Polarschiff „Fram“ auf dem Programm.

▼ Stippvisite für Kenner

Wer schon in Oslo war und die Busrundfahrt nicht mitmachen möchte, zieht während der Liegezeit vielleicht lieber auf eigene Faust los.Vom Kai verkehren Busse in die Innenstadt. Entweder kann man am Hauptbahnhof (Sentralstasjonen) oder bereits zuvor am Nationaltheater aussteigen. Für den Rückweg zum Kai nimmt man dann am besten ein Taxi.

▼ Kunst kompakt

Mit dem Bus zum Nationaltheater und einen Blick ins Foyer werfen. Dann die Karl Johans gate überqueren und rechts von der alten Universität durch die Universitetsgata zur Nationalgalerie (öffnet Mo-Sa um 10 Uhr, So 11 Uhr). Für die norwegischen Landschaftsmaler und Munch etwa eine Stunde einplanen. Anschließend zur Karl Johans gate zurück und eventuell Kaffee trinken im Grand Café – wie Ibsen es tat. Dann links am Schloss vorbei den Drammensveien etwa 200 Meter bergan. Hier liegt auf der Ecke zur Arbins gate das Ibsen-Museum.

▼ Seefahrt kompakt

Zwei Wege zur Museumsinsel Bygdøy bieten sich an: Mit dem Bus zum Nationaltheater, wenige Gehminuten zum Rathaus und von dort per Taxiboot hinüber (Mai-Sept.), sonst am einfachsten per (Auto-)Taxi vom Kai. Auf dem Landweg gelangt man zuerst zu den Wikingerschiffen. Zu Fuß sind es von dort dann etwa 20 Minuten bis zur „Fram“ und dem Seefahrtsmuseum sowie dem Taxi-Boot-Anleger. Auf rechtzeitige Rückfahrt achten! Taxi eventuell vorbestellen.

Gustav Vigeland schuf die Statuen vor dem Rathaus

Wenn ein Wochenende für Oslo zur Verfügung steht, kann die Hauptstadt mit viel Muße entdeckt werden

Für die Reisenden, die ein Wochenende oder zumindest eine Nacht in Oslo verbringen, ist der Zeitrahmen deutlich größer. Sie haben also die Möglichkeit, mehr Sehenswürdigkeiten anzuschauen oder sich mit einzelnen Themen intensiv zu befassen.

▼ Spaziergang durch das Zentrum

Ein guter Ausgangspunkt für einen Spaziergang ist das Nationaltheater an der Karl Johans gate. Es sind nur wenige Schritte bis zum Königlichen Schloss. Anschließend geht man die Universitetsgata vom Theater aus hinab zum Rathaus. So kommt man direkt zum Fridtjof Nansens plass mit dem großen stufenförmigen Brunnen vor dem Rathaus. Entlang der anderen, dem Fjord zugewandten Seite des Rathauses toste früher der Verkehr. Heute verläuft die Hauptverkehrsader unterirdisch durch einen vierspurigen Tunnel. Wenn man vor dem Rathaus mit Blick auf Hafen und Oslofjord steht, liegt halb rechts das Viertel Aker Brygge mit seinen Restaurants und Geschäften. Nach links führt ein Weg hinauf zur Festung Akershus. Von den Wallanlagen hat man einen schönen Blick über die verschiedenen Buchten.

Die Kongens gate führt unterhalb der Festung in das alte Christiania zum Bankplassen, wo sich das Museum für Gegenwartskunst befindet. Gegenüber kann man im Engebret Café gut, aber nicht ganz billig essen. Folgt man der Kongens gate weiter, gelangt man zum Stortorvet („Großer Platz") mit der Dom-

Christian IV weist den Weg zum Stadtmodell

kirche. Hier wird erneut die Karl Johans gate erreicht, die als Fußgängerzone zahlreiche Möglichkeiten zum Einkaufen bietet. Dieser Spaziergang dauert etwa ein bis zwei Stunden, je nach Tempo und Abstechern.

▼ Wandern im Wald

Oslos geographisches Zentrum liegt in der Nordmarka, einem großen Waldstück jenseits des Holmenkollen. Dort kann man im Sommer wandern oder im Winter Skilaufen.

Veteranenschiff am Anleger vor Oslos Rathaus

Von der Haltestelle Nationaltheater nimmt man die U-Bahn-Linie 1 Richtung Holmenkollen und Frognerseteren. Ab Majorstuen verläuft die Bahn oberirdisch und bietet im oberen Streckenabschnitt schöne Ausblicke. Wer zur Sprungschanze will, muss die Haltestelle Holmenkollen wählen und etwa 300 Meter bergauf gehen. Eine Alternative ist die Haltestelle Frognerseteren, von der aus man sowohl zum Aussichtsturm Tryvannstårnet als auch zur Sprungschanze wandern kann, jeweils circa 30 Minuten. Das Wandergebiet hier bietet auch für ausgedehntere Unternehmungen genügend Wege. Fahrräder können an der Station Voksenkollen gemietet werden.

▼ Moderne Kunst entdecken

Wer sich über aktuelle Entwicklungen der Kunstszene informieren möchte und provokante Werke nicht scheut, findet in Oslo vier Museen, die moderne Kunst zeigen. Außerhalb der Stadt liegt das Henie Onstad Kunstsenter auf der Landzunge Høvikodden in der Gemeinde Bærum (Bahnhof Blommenholm). Stenersen-Museum, Astrup Fearnley Museum und das Museum für Gegenwartskunst befinden sich alle in der Innenstadt. Pro Museum etwa eine Stunde einplanen.

Hier soll die neue Stadt entstehen und sie soll Christiania heißen, entschied König Christian IV

1000 Jahre auf dem Weg zur Hauptstadt

Oslo hat eine wechselvolle Geschichte gesehen. Von der Entstehung im Jahr 1000 bis zur Hauptstadt des selbständigen Norwegens war es ein langer Weg

Es hört sich kurios an: 1950 feierte Oslo den 900sten Geburtstag, im Jahr 2000 bereits das 1000-jährige Jubiläum. Gehen die Uhren in Oslo schneller? Nein, Spott ist nicht angebracht, es waren neue archäologische Untersuchungen, die auch renommierte Historiker dazu bewogen, das Entstehungsdatum auf den Zeitraum um das Jahr 1000 zurück zu datieren. Lange war die Stadt mit ihrer mittelalterlichen Geschichte eher lieblos umgegangen, doch seit dem runden Geburtstag im Jahr 2000 hat ein Umdenken eingesetzt. Das alte Oslo lag zu Füßen des Ekebergs im Osten des heutigen Zentrums. Zuerst wird es eine Ansammlung von Höfen gewesen sein, die sich von Handel und Landwirtschaft ernährten. Das Ende des Oslofjords bildete einen natürlichen, geschützten Hafen, die Böden waren fruchtbar und der Zugang zum Hinterland einfach.

Die Festung Akershus beschützte über Jahrhunderte die Stadt am Oslofjord

Aus dieser Siedlung wuchs langsam eine Stadt am Ufer. Im Zuge der Christianisierung des Nordens entstand wahrscheinlich bereits im 11. Jahrhundert eine hölzerne Kirche. Das erste Kapitel in der Geschichte Oslos endet am 17. August 1624, als ein verheerender Stadtbrand die Häuser in ein Flammenmeer verwandelte. Zu dieser Zeit befand sich Norwegen in Personalunion mit Dänemark. Faktisch war das Land eine dänische Provinz, die von Kopenhagen aus regiert wurde. Der Dänenkönig Christian IV, bekannt für seine große Zahl an Stadtgründungen, entschied persönlich, dass das alte Oslo abgerissen werden sollte. Unterhalb der Festung Akershus sollte eine neue Stadt entstehen, mit breiten Straßen und brandsicheren Steinhäusern, entworfen nach modernsten städtebaulichen Erkenntnissen.

Christiania sollte die neue Stadt nach ihrem Gründer heißen. Ein Denkmal am Platz Christiania torv zeigt die ausgestreckte Hand des Dänenkönigs: Hier soll meine Stadt entstehen!

Eine typische Stabkirche kann man im Freilichtmuseum Norsk Folkemuseum bewundern

Das alte Oslo lag außerhalb der Stadtmauern von Christiania. Trotz des königlichen Verbotes wurde hier wieder gesiedelt. Es waren die Armen und Landlosen, die sich das Leben in Christiania nicht leisten konnten. Was an steinernen Mauern noch übrig war, wurde wieder verwendet, vom alten Oslo blieb wenig erhalten. Heute findet man noch einige Ruinen vor, der Grundriss der Hallvardskirche und des Olavsklosters sind am St. Hallvards plass zu erkennen. Immerhin hat die Stadt Oslo einen Teil der Bahnlinien wieder entfernt, die im 20. Jahrhundert das einstige Siedlungsgebiet völlig zerteilten und überbauten. So gibt es jetzt dort, wo einst die Clemenskirche und der Königshof lagen, einen Mittelalterpark.

Bei einem Rundgang über die Wallanlagen der Festung Akershus sind alle drei Standorte gut zu sehen: das alte Oslo, Christiania und das neue Oslo

Christiania war eine moderne Stadt im europäischen Stil, ganz anders als das zuletzt verarmte Oslo. Die reichen Bürger wurden verpflichtet, Mietshäuser zu bauen. Handwerker siedelten nahe der Festung, die Betuchten hingegen nahe der Bucht Bjørvika. Christiania wuchs und gedieh. Wenn man heute durch die schachbrettartig angelegten Straßen zu Füßen der Festung Akershus geht, kann man ver-

Am 5. Mai 1866 traf sich das Storting zum ersten Mal im neuen Parlament

einzelt noch auf die niedrigen Häuser aus dem 17. und 18. Jahrhundert treffen. Das Engebrekt Café gegenüber dem Museum für Gegenwartskunst (Museet for samtidskunst) ist solch ein Gebäude, das an die gutbürgerliche Zeit in Christiania erinnert.

Dänemark-Norwegen war in den Napoleonischen Kriegen mit Frankreich verbündet und stand somit auf der Verliererseite. Auf dem Wiener Kongress wurde entschieden, dass Dänemark Norwegen an Schweden abtreten müsse. Das gefiel den Norwegern überhaupt nicht: Am 17. Mai 1814 hatten sie sich auf ihrer Nationalversammlung bereits eine eigene Verfassung gegeben. Dieser Tag wird bis heute als Nationalfeiertag groß gefeiert. Doch statt selbständig zu werden, sollten sie in die ungeliebte Union mit Schweden!

Die Festung Akershus ist niemals eingenommen worden

Das schwedische Königshaus hat Norwegen nie schlechter behandelt als es die dänischen Herrscher zuvor taten. Und doch wird heute die

Im Folkemuseum tragen die Mitarbeiter ihre Tracht

Union mit Schweden deutlich negativer gesehen als die Zeit der dänischen Vormundschaft. Der schwedische König Karl XIV Johan ließ 1825 in Christiania ein neues Schloss außerhalb der Stadtgrenzen bauen. Die Fertigstellung im Jahr 1848 erlebte Karl Johan nicht mehr, er starb 1844. Nach ihm wurde der Boulevard benannt, der das Schloss mit dem Parlament und der Domkirche verbindet.

Die Abgeordneten konnten ihr Parlamentsgebäude, das Storting, erst 1866 beziehen. Mit der Karl Johans gate war eine neue Achse zwischen Kirche und Schloss entstanden, das Zentrum der Stadt hatte sich erneut

Die Norweger sind stolz auf ihren Widerstand gegen die deutschen Besatzer

nach Westen verschoben. Einen guten Überblick über die Entwicklung Oslos gibt das Stadtmuseum (Bymuseum) im Frognerpark.

1905 wurde die Union zwischen Schweden und Norwegen friedlich aufgelöst. Zu den Vermittlern gehörte auch der frühere Polarforscher Fridtjof Nansen, der inzwischen als Diplomat tätig war. Christiania war nun eine „richtige" Hauptstadt eines souveränen Staates. Seit dem 1. Januar 1925 heißt die Stadt wieder Oslo, man hat sich von dem Erbe des Dänenkönigs verabschiedet.

Wenn man auf den Spuren Oslos wandeln möchte, fängt man am besten im Osten der Stadt bei den Ruinen des Olavsklosters an. Der zweite Rundgang sollte der Festung Akershus mitsamt den Straßen von Christiania gehören. Aus der Zeit der frühen Industrialisierung ist wenig geblieben. Die umgebauten Werkshallen an Aker Brygge geben einen vagen Eindruck der einstigen Werft. Etwas mehr ist noch im Ortsteil Grünerløkka entlang des Flusses Akerselva zu sehen. Ein hübsches Holzhaus-Ensemble findet man in der Damstredet nahe dem Friedhof Vår Frelsers Gravlund. Schön, dass es auf der Halbinsel Bygdøy im Freilichtmuseum auch eine Abteilung gibt, in der einstige Stadthäuser Stein für Stein wieder aufgebaut wurden.

Oslos moderner Stadtteil Aker Brygge ist am Wasser gebaut

Akershus Festning

▸ Karte 3, C5

▸ Akershus, www.mil.no/felles/ak/start/museer
Öffnungszeiten Festung: Mo-So von 6-21 Uhr, Eintritt: frei
Öffnungszeiten Schloss: 02.05.-15.09 Mo-Sa 10-16 Uhr, So 12.30-16 Uhr, Eintritt: Erw. 30 NOK, Kinder 10 NOK

Akershus wird bis heute zur Repräsentation genutzt

▸ Die Festung wurde von König Haakon V. 1299 bis 1304 erbaut. Im 16. und 17. Jh stark umgebaut. Der untere Festungsteil wurde Anfang des 19. Jh geschliffen. Ab 1905 Restaurierung, das Schloss wird seit 1947 für offizielle Staatsanlässe benutzt. Andere Teile der Festung werden noch vom norwegischen Militär genutzt. Auch hier gibt es eine Wachablösung.

Det Kongelige Slott

▸ Karte 3, A2

▸ Drammensveien 1
www.kongehuset.no
Öffnungszeiten Schloss:
Mo-Do, Sa 10-16.30 Uhr
Fr, So 14-16.30 Uhr
Park: ganzjährig geöffn., gratis
Eintritt Schloss:
Erw. 90 NOK, Kinder 80 NOK

▸ Das Schloss ließ der schwedische König Carl XIV. Johan 1825 bis 1848 erbauen. Amtssitz von König Harald Der Park ist öffentlich. Wachablösung täglich um 13.30 Uhr.

Oslo Rådhus

▸ Karte 3, B4

▸ Oslo Rathaus, www.rft.oslo.kommune.no
Öffnungszeiten: 01.05.-31.08. Mo-So 9-17
01.09.-30.04. Mo-So 9-16
Eintritt: Erw. 40 NOK, Kinder bis 12 Jahre frei

▸ Erste Entwürfe gab es 1916, als Oslo noch Christiania hieß. Die Grundsteinlegung fand jedoch erst 1931 statt, fertiggestellt wurde es 1950 zur 900-Jahr-Feier der Stadt. Der östliche Turm ist 66 m hoch. Die Kunstwerke im Inneren zeugen von der Aufbruchstimmung des jungen Norwegens.

Domkirke

▸ Karte 3, A5

▸ Stortorget 1, www.oslodomkirke.no
Öffnungszeiten: Mi-Mo 12-18 Uhr, Di 10-16 Uhr
Fr-Sa auch 22-24 Uhr, Eintritt: frei

- Mit dem Bau der Domkirche wurde 1694 begonnen. Dabei wurde auch Material der St. Hallvard-Kirche im alten Oslo benutzt. Die Kreuzkirche wurde 1697 eingeweiht.

Ruinen Olavskloster, St.Hallvard ▸ Karte 2, E4

- St. Hallvards plass und Mittelalterpark
Öffnungszeiten: ganzjährig geöffnete Parkanlagen
Eintritt: frei
- Die letzten Überreste der mittelalterlichen Geschichte finden sich östlich des Hauptbahnhofs. Außer ein paar Grundmauern gibt es jedoch nicht viel zu sehen.

Oslo Bymuseum ▸ Karte 2, D3

- Frognerveien 67, www.oslobymuseum.no
Öffnungszeiten: Mi-So 12-16 Uhr, Di 12-19 Uhr
Eintritt: Erw. 40 NOK, Kinder 20 NOK
- Der Gutshof Frogner wurde Ende des 18. Jh gebaut. Seit dem 14. Jh. ist hier ein Bauernhof nachweisbar. Seit 1909 ist der Hof Frogner Sitz des Stadtmuseums. Hier sind alte Fotos und Stadtmodelle ausgestellt.

Historisk Museum ▸ Karte 3, A3

- Frederiks gate 2, www.ukm.uio.no/historisk
Öffnungszeiten: 15.09.-14.05. Di-So 11-16 Uhr
15.05.-14.09. Di-So 10-16 Uhr, Mo geschlossen
Eintritt: Erw. 40 NOK, Kinder bis 15 frei
- Das Historische Museum beherbergt eine ethnographische Sammlung, eine Ausstellung zur Früh- und Vorgeschichte sowie ein Münzkabinett. Das Museumsgebäude zählt zu den schönsten Jugendstilbauten Oslos.

Norsk Folkemuseum ▸ Karte 2, E2

- Museumsveien 10, Bygdøy, www.norskfolkemuseum.no
Öffnungszeiten: 15.05.-14.09. Mo-So 10-18 Uhr
15.09.-14.05. Mo-Fr 11-15 , Sa-So 11-16 Uhr
Eintritt: Erw. 50 NOK, Kinder 20 NOK
- Mindestens 2-3 Stunden benötigt man, um das große Freilichtmuseum zu durchwandern. Ungewöhnlich ist der Teil, in dem städtische Bauten aus Oslo stehen. Sonst dominieren Bauernhöfe aus ganz Norwegen. Besonders beliebt ist die Stabkirche.

Norges Hjemmefrontmuseum ▸ Karte 3, C4

- Akershus Festning, www.nhm.mil.no
Öffnungszeiten: Mo-Sa 10-16 Uhr und So 11-16 Uhr
Eintritt: Erw. 30 NOK, Kinder 15 NOK
- Das Widerstands-Museum beschäftigt sich auf sehr eindringliche Weise mit der Zeit der deutschen Besetzung Norwegens. Ein wichtiges Museum, um die Haltung der Norweger gegenüber Deutschland zu verstehen.

Seit 1304 schützt die Festung Akershus die Einfahrt nach Oslo

Forscher, Entdecker und Abenteurer

Seit der Wikingerzeit sind die seemännischen Leistungen der Norweger in Europa bekannt

Die Wikinger besiedelten Island, entdeckten Amerika lange vor Christopher Columbus, überfielen schottische Klöster und eroberten Paris. Ihre Reisen und Taten wurde Legenden, die in den altnordischen Sagas überliefert wurden.

Der Beginn der Wikingerzeit wird üblicherweise auf das Jahr 793 datiert, als eine Horde Krieger das nordenglische Kloster Lindisfarne überfiel. Ob sie aus Norwegen oder Dänemark kamen, ist nicht sicher nachweisbar, aber für die folgenden 250 Jahre waren die Fronten klar: Hier das christianisierte Europa als Opfer, dort die heidnischen Angreifer aus dem Norden. Bei dieser Sichtweise wird aber gern übersehen, dass die Wikinger auch Handel trieben. So drangen die schwedischen Waräger über die Wolga und den Dnjepr bis an das Schwarze Meer vor, um dort Waren zu kaufen und verkaufen. Und auch ihre norwegischen und dänischen „Kollegen" waren nicht nur Rabauken, als die sie in der mitteleuropäischen Geschichtsschreibung jener Zeit gern dargestellt wurden.

Die Sagas jedenfalls, in denen die Fahrten aus skandinavischer Sicht überliefert wurden, priesen die Wikinger als Helden. Dabei muss man jedoch wissen, dass die schriftliche Aufzeichnung bis zu 250 Jahre nach den Geschehnissen erfolgte – dazischen lag eine mündliche Erzähltradition. Man braucht sich nur einmal in die Situation eines Erzählers zu versetzen: Natürlich wollte er eine interessante, unterhaltsame und vor allem positive Geschichte erzählen. Da passiert es schnell, dass Dinge hinzu gedichtet oder weggelassen wer-

Komfortable Fährschiffe verbinden Oslo mit Dänemark und Deutschland

den. Als historische Quellen taugen die Sagas also nur bedingt. Einen präziseren Eindruck vermitteln schon die archäologischen Ausgrabungen.

1867 hatte man das Tune-Schiff in Rolvsøy entdeckt und freigelegt. 1880 fand man das 24 Meter lange Gokstad-Schiff bei Sandar auf dem Westufer des Oslofjords. 1904 wurde schließlich das Oseberg-Schiff ausgegraben, das wie die beiden anderen Wikingerschiffe offensichtlich als Grabbeigabe gedient hatte. Nie zuvor war ein so reich verziertes Schiff entdeckt worden! In einer Zeit, als die Union mit Schweden kurz vor der Auflösung stand, hatten die Norweger mit dem Oseberg-Schiff

Viele norwegische Familien verfügen über ein eigenes Boot

auch ein Stück ihrer nationalen Identität gefunden. 1926 stand der erste Flügel des Wikingerschiff-Hauses. Mit seinen schlichten weißen Wändern und dem Aufbau ähnlich einer Kreuzkirche hat das Museum eine fast sakrale Stimmung.

Es gibt kleine Aussichtsplattformen, von denen man von oben in die Wikingerschiffe schauen kann. Bei der Vorstellung, in diesen offenen Booten auf der Nordsee von Norwegen nach Island oder Schottland unterwegs zu sein, nur geschützt durch Kleidung aus Wolle und Leder, kann es einem schon kalt den Rücken hinunter laufen! Wenn der Wind nicht richtig stand, wurde gerudert. Da hat man es heute doch deutlich bequemer. Das Ende der Wikingerzeit wird meist auf die erste Häfte des 11. Jahrhunderts datiert, als Olav der Heilige, norwegischer König von 1016 bis 1030, das Reich geeint und weitgehend christianisiert hatte. Auch die Schlacht bei Hastings 1066 wird gern als markanter Schlusspunkt der Wikingerzeit genannt.

Reich verzierte Galionsfigur an einem Wohnhaus in Drøbak

Bis in die Gegenwart spielt die Seefahrt für Norwegen eine große Rolle. Schaut man sich die Geologie dieses Landes an, wird schnell deutlich, warum dies immer so war und auch bleiben wird: Das Gebirge zieht sich der Länge nach durch Norwegen und trennt die Täler des Inlands vom Meer. Die höchsten Gipfel sind bis zu 2450 Meter hoch. Da hilft es auch nicht, dass die Meeresarme wie der Sognefjord rund 200 Kilometer in das Land hinein ragen. Wollten die Fischer und Bauern an der langen Westküste ihre Waren zum nächsten Handelsplatz bringen, mussten sie entweder beschwerliche Säumerpfade über die Berge nutzen oder den Seeweg wählen.

Der kürzeste Weg zu den Schifffahrtsmuseeen auf der Halbinsel Bygdøy führt mit dem Taxiboot vom Rathaus über das Wasser

Die Hansestadt Bergen war über Jahrhunderte der Ort, an dem sich die Handelswege entlang der Küste trafen. Mit kleinen Segelbooten, Jekt genannt, fuhren die Fischer und Bauern zwei bis drei Mal im Jahr nach Bergen, um ihre Waren zu verkaufen. Erst im 19. Jahrhundert übernahmen langsam die Dampfschiffe den Frachtverkehr. Sie waren nicht vom Wind abhängig und

Fridtjof Nansen ließ die „Fram“ für seine Polar-Expeditionen bauen

Die Geschichte der Color Line

Seit 1961 besteht di
Linie zwischen Kie
und Osl

Color Line ist eine junge Reederei mit einer langen Geschichte. Sie entstand 1990 aus dem Zusammenschluss von Jahre Line und Norway Line. Im selben Jahr wurden die Fährbetriebe von Fred. Olsen übernommen. So entstand die größte Fährschiffreederei Norwegens, die auch im europäischen Vergleich zu den führenden Reedereien gehört. Sie verbindet Norwegen mit seinen Nachbarländern Dänemark, Deutschland und Schweden.

Ausgangspunkt war die Idee des Reeders Anders Jahre, der 1961 die erste und bis heute einzige Direktverbindung zwischen Deutsch-

deshalb schneller und zuverlässiger. Schon früh wurden feste Dampfschiffrouten eingerichtet. So gab es 1884 eine wöchentliche Verbindung von Hamburg über Bergen und Trondheim nach Hammerfest und Vadsø, die so genannte Stammroute. Von Christiania aus fuhren wöchentlich zwei Dampfschiffe die gesamte norwegische Küste bis zum Nordkap ab. Sie nahmen Passagiere und Post mit und dürfen als Vorläufer der berühmten Hurtigruten gelten. Die wurden 1893 als Expresslinie gegründet, weil die anderen Verbindungen zu viele Häfen anliefen und deshalb zu langsam waren. Seither besteht Hurtigruten ununterbrochen, während die Stammroute von Hamburg nach Vadsø in Vergessenheit geriet. Viele interessante Aspekte der norwegischen Seefahrtsgeschichte werden im Osloer Schifffahrtsmuseum auf der Halbinsel Bygdøy erklärt. Da geht es um

land und Norwegen einrichtete. Zuerst fuhr nur ein Schiff zwischen Kiel und Oslo, seit 1966 werden zwei Schiffe auf der Route eingesetzt. Was 1961 mit 54.212 Passagieren begann, wurde zur Erfolgsstory: Heute benutzen jährlich rund 600.000 Gäste die Linie zwischen Kiel und Oslo. Rechnet man alle Routen der Color Line zusammen, vertrauen über vier Millionen Passagiere jedes Jahr der Reederei, davon rund eine halbe Million Deutsche.

Die „Prinsesse Ragnhild" auf ihrem Weg von Kiel nach Oslo

Von Marokko nach Barbados segelte Heyerdahls Ra II

Navigation und die Geschichte der Leuchtfeuer sowie um die Entwicklung vom Raddampfer zum modernen Passagierschiff. Weitere schöne Museen in Norwegen zu diesem Themenkreis sind das Schifffahrtsmuseum in Bergen sowie das kleine Bootsmuseum in Kaupanger am Sognefjord. Zur Seefahrt rechnen die Norweger übrigens auch ihre Ölbohrinseln in der Nordsee. Dieses Thema wird im Osloer Schifffahrtsmuseum nur angerissen, tieferen Einblick verschafft das Norwegische Ölmuseum in Stavanger.

Zu den großen norwegischen Seefahrern gehören natürlich die beiden berühmten Polarforscher Fridtjof Nansen und Roald Amundsen. Nansen ließ sich das Polarschiff „Fram" nach seinen Plänen von dem genialen Schiffsbauer Colin Archer erbauen. Es dürfte eines der stabilsten Schiffe sein, die jemals aus Holz gebaut wurden. Auf jeden Fall gibt es kein anderes Schiff aus Holz, das jemals so weit nördlich und so weit südlich war!

Nansens Theorie, dass er im Packeis eingeschlossen über den Nordpol treiben werde, bestätigte sich auf seiner Forschungsreise von 1893 bis 1896 nicht, trotzdem wurde er bei der Heimkehr als Held gefeiert. Nansen ging später in die Politik, wurde Diplomat und norwegischer Botschafter in England. Er vermittelte im Konflikt mit Schweden 1905. Den Friedens-Nobelpreis erhielt Nansen 1922, nachdem er sich für die zahlreichen heimatlosen Flüchtlinge nach dem Ersten Weltkrieg eingesetzt hatte. Er war als Hochkommisar des Völkerbundes, des Vorläufers der UNO, tätig. Es ist erstaunlich, dass dieser wichtige Teil seiner Biographie nirgendwo in Norwegen eine Würdigung in Form eines Museums erfährt. Nansen wird nur als Polarforscher verehrt.

Die „Fram" überließ Nansen Otto Sverdrup, der damit von 1898 bis 1902 die Regionen nordwestlich von Grönland erforschte. Über 200.000 Quadratkilometer Fläche wurde durch Sverdrup erstmalig kartographiert. Sicher war Sverdrups Reise nicht so spektakulär wie die vorherige Polarreise Nansens und die folgende Fahrt von Amundsen. Der nutzte das Schiff 1910 für seinen Wettlauf zum Südpol. Am 15. Dezember 1911 erreichte Roald Amundsen als erster Mensch den Südpol, einen Monat vor dem Briten Robert Falcon Scott, der seine Expedition mit dem Leben bezahlte.

Schiffe als Grabbeigaben waren bei den Wikingern üblich

Die „Fram" lag ab 1914 in Oslo, 1929-30 wurde sie restauriert und ein Museums-Kommittee eingesetzt. Schließlich waren die Polarexpeditionen ganz wichtig für das nationale Selbstbewusstsein der jungen Nation gewesen. Die „Fram" war ein Symbol für den norwegischen Unternehmungsgeist, man hatte sich eindrucksvoll zurückgemeldet in den Kreis der europäischen Nationen. Das Museum an der Spitze von Bygdøy wurde 1936 eröffnet, vollendet werden konnte es erst 1945. Seither können Besucher (fast) bis in den letzten Winkel des Polarschiffes schauen. Man sieht die engen Kabinen und kann sich vorstellen, wie es wohl gewesen sein mag, mehrere Jahre an Bord dieses Schiffes zu leben, während draußen der eisige Polarwind durch die Wanten pfiff.

Ein Abenteurer im Geiste Nansens und Amundsens war auch Thor Heyerdahl. Er wollte beweisen, dass es auch schon im Altertum einen Austausch der Kulturen über die Ozeane gegeben hat.

Seefahrtsnation Norwegen

Mit seinem Balsa-Floß „Kon-Tiki" segelte Heyerdahl 1947 von der südamerikanischen Küste durch den Pazfik nach Polynesien. Sein Papyrusboot „Ra II" trug ihn 1970 in nur 57 Tagen von Marokko über den Atlantik nach Barbados in der Karibik. Die beiden zerbrechlich wirkenden Gefährte sind im Kon-Tiki-Museum gegenüber dem Schifffahrtsmuseum zu sehen. Das Binsenboot Tigris ist nicht erhalten. Mit ihm wollte Heyerdahl nachweisen, dass es eine Verbindung zwischen Mesopotamien, dem heutigen Irak, und Ostafrika gegeben haben könnte.

Die Schiffsglocke war in der Arktis und der Antarktis

Alle drei Museen liegen gegenüber des Anlegers, an dem die Fährschiffe der Color Line festmachen. Schon beim Einlaufen sind die Gebäude zu sehen. Einen würdigeren Platz kann man der „Fram" wohl kaum geben.

Vikingskipshuset

▸ Karte 2, E2

- Huk Aveny 35, www.ukm.no/vikigskipshuset
Öffnungszeiten: Mai-Sep Mo-So 9-18 Uhr, Okt-Apr Mo-So 11-16 Uhr, Eintritt: Erw. 40 NOK, Kinder 20 NOK
- Bereits 1926 wurde der erste Flügel des Wikingerschiff-Museums eröffnet, der letzte Anbau kam 1954 hinzu. Der schlichte Bau lässt die kunstvoll verzierten Wikingerschiff sehr gut zur Geltung kommen. Die drei Wikingerschiffe waren allesamt Grabbeigaben und stammen aus der Zeit zwischen 800 und 900 n.Chr.

Norsk Sjøfartsmuseum

▸ Karte 2, E2

- Bygdøynesveien 37, www.norsk-sjofartsmuseum.no
Öffnungszeiten: 10.30-16 Uhr
Eintritt: Erw. 40 NOK, Kinder unter 16 Jahre frei
- Das Norwegische Schifffahrtsmuseum zeigt eine große Sammlung an Schiffsmodellen und informiert über die jün-

gere Geschichte der Ölförderung in der Nordsee. Gutes Mittagsbuffet im Museumsrestaurant.

Frammuseet ▸ Karte 2, E2

- Bygdøynes, Bygdøy www.fram.museum.no
  Öffnungszeiten: Mo-So 9-16.45 Uhr
  Eintritt: Erw. 30 NOK, Kinder 15 NOK
- Gleich neben dem Seefahrtsmuseum liegt der markante Dreiecksbau, in dem das Polarschiff „Fram" untergebracht ist. Fridtjof Nansen hatte das Schiff bauen lassen und 1893-96 für seine Nordpolexpedition genutzt. 1910-12 nutzte Roald Amundsen die „Fram" für seine erfolgreiche Expedition zum Südpols. Eines der interessantesten Museen Oslos.

Kon-Tiki-Museet ▸ Karte 2, E2

- Bygdøynesveien 36, Bygdøy, www.kon-tiki.no
  Öffnungszeiten: Mo-So 10.30-16 Uhr
  Eintritt: Erw. 35 NOK, Kinder 20 NOK
- Thor Heyerdahls Papyrusboot Ra II und sein Floß Kon-Tiki sind in diesem doch eher nüchternen Museum untergebracht. Etwas mehr Mühe dürfte man sich geben, um die an sich spannenden Forschungsergebnisse Heyerdahls zeitgemäß zu präsentieren.

Dieses Schiff ist noch nicht museumsreif

Cruise Båtene A/S ▸ Karte 3, C4

- Rosenkrantz gate 22, Tel. +47/22423698
  www.cruisebatene.no
- Einmal einen Großsegler chartern und über den Oslofjord kreuzen, das können Betuchte bei Cruise Båtene bekommen. Die Preise liegen bei 3.000 bis 4.000 NOk pro Stunde je nach Größe des Schiffes.

Båtservice Sightseeing ▸ K3, C4

- Rådhusbrygge 3, Tel. +47/23356890
  www.boatsightseeing.com
- Wenn es nicht gleich ein eigenes Schiff sein muss, ist man bei Båtservice Sightseeing richtig. Vom Anleger 3 vor dem Rathaus werden Rundfahrten auf dem Oslofjord ab 50 Minuten Länge angeboten. Dies sind die Schiffe, die auch nach Bygdøy fahren. Die Taxiboote verkehren nur im Sommer.

Oslo Fergene A/S ▸ Karte 3, C4

- Lindøya, Tel. +47/23327786, www.oslo-fergene.no
- Beim Rathaus legen auch die Fähren zu den Inseln im Oslofjord ab. Hier gibt es Verbindungen zu den Klosterruinen auf Hovedøya. Sightseeing mit öffentlichen Verkehrsmitteln.

Norway Cup
Dagbladet
coop

Die Karl Johans gate verbindet Domkirche und Parlament mit dem Königlichen Schloss

Norwegische Schaffenskraft durch zwei Jahrhunderte

Für viele norwegische Künstler waren Kopenhagen und Berlin wichtiger als die eigene Hauptstadt, doch ihre Werke hängen hier

Für ihre Entwicklung benötigten die norwegischen Künstler eine Ausbildung und ein kunstsinniges Publikum. Das war in Christiania und in Norwegen während der Zeit als dänische Provinz kaum zu finden. Also suchten sie die Inspiration in Kopenhagen, Berlin und Paris. Erst als die Selbständigkeit näher kam, besannen sich die Intellektuellen ihrer Wurzeln. Je mehr Christiania wuchs, um so öfter ließen sich die norwegischen Künstler in ihrer

Hauptstadt nieder. Während der in Bergen geborene Ludvig Holberg (1684-1754), der erste Schriftsteller Norwegens mit europäischem Format, noch nach Kopenhagen übersiedeln musste, konnte ein Henrik Ibsen (1828-1906) sich nach seinen Lehr- und Wanderjahren in Christiania niederlassen, ohne dass sein Ruhm Gefahr lief zu verblassen.

Vor dem Nationaltheater an der Karl Johans gate stehen zwei Statuen: Die eine zeigt Henrik Ibsen, die andere Bjørnstjerne Bjørnson (1832-1910). Bjørnson erhielt 1903 den Nobelpreis für Literatur, Ibsen ging ebenso leer aus wie sein schwedischer Widersacher August Strindberg (1849-1912). Ob es Ibsen trösten würde, wenn er wüsste, das Bjørnsons Werke längst in Vergessenheit geraten sind, während seine Dramen bis heute gespielt werden? Im Inneren des prachtvoll ausgestatteten Theaters, mit dessen Bau 1891 begonnen wurde, taucht auf einer Inschrift über

Im Park zwischen der Karl Johans gate und dem Nationaltheater

den Fenstern im Foyer neben den Namen von Ibsen und Bjørnson auch Holberg auf, den sowohl die Norweger als auch die Dänen gern für sich reklamieren.

Henrik Ibsen wurde in Skien in der Provinz Telemark geboren. Nach einer Apothekerlehre abeitete er als Theaterdichter in Bergen und Christiania. Von 1864 bis 1891 hielt er sich überwiegend im Ausland auf, Rom, Dresden und München gehörten zu den Stationen. Mit seinen gesellschaftskritischen Dramen war Ibsen einer der Wegbereiter des modernen Theaters. Die letzte Wohnung des Dichters lag auf der Ecke vom Drammensveien zur Arbins gate. Hier befindet sich seit 1993 das Ibsen-Museum. Viele der originalen Einrichtungsgegenstände standen zuvor im Norsk Folkemuseum und zogen zur Museumseröffnung an ihren alten Platz in Ibsens Wohnung zurück. Ein Besuch im Ibsen-Museum hat etwas Privates, fast fühlt man sich wie ein Eindringling im Wohnzimmer des bedeutendsten norwegischen Dichters.

Gleich drei Museen beschäftigen sich in Oslo mit der Kunst der Gegenwart, das größte ist das Museet for Samtidskunst am Bankplassen

Ibsen war im Alter nicht sonderlich flexibel, er war, was man heute salopp ein „Gewohnheitstier“ nennt. Jeden Morgen ging er ins Grand Café im Grand Hotel.

Das Nationaltheater lohnt wegen der prachtvollen Ausstattung einen Besuch

Er hatte die Schritte gezählt, vorbei an „seinem“ Nationaltheater, bis zum Café, wo er selbstverständlich einen Stammplatz und einen eigenen Stuhl hatte. Man kann also als Tourist den Spuren Ibsens von seiner Wohnung bis ins plüschige Grand Café folgen.

In der einstigen Bank von Norwegen hütet nun das Museum für Gegenwartskunst seine Schätze

Der zweite Osloer Künstler internationalen Formats war der Maler Edvard Munch (1863-1944). Munch absolvierte seine Ausbildung in einer Zeichenschule in Christiania und ging bei Christian Krohg in die Lehre. Krohg (1852-1925) war nicht nur ein guter Maler, sondern machte auch als Schriftsteller von sich reden. Er war eine der großen Kulturpersönlichkeiten in Christiania. Am 20. Dezember 1886 erschien Krohgs Roman „Albertine“, in dem er die Prostitution auf den Straßen der Hauptstadt anprangerte und das Vorgehen der Sittenpolizei massiv kritisierte. Am folgenden Tag wurden das Buch beschlagnahmt und der Autor angeklagt. Als „Sittlichkeitsfehde“ gingen die folgenden Debatten norwegischer Künstler in die Literaturgeschichte ein. Krohgs Gemälde „Albertine im Vorzimmer des Polizeiarztes“ zeigt eine Szene aus seinem Buch. Es hängt heute in der Nationalgalerie an prominenter Stelle.

In der Zeit zwischen 1880 und 1920 gingen von Christiania wichtige Impulse für die europäische Kulturdebatte aus. Edvard Munch gehörte zu den ganz wichti-

Die Fresken im Rathaus zeigen Szenen aus der norwegischen Geschichte

gen Akteuren. 1885 reiste er nach Paris, 1892 wurde er erstmals zu einer großen Ausstellung nach Berlin eingeladen. Längere Aufenthalte in Paris (1875-79) und Berlin (1906-08) folgten. Sein Werk ist in Norwegen im Wesentlichen auf drei Museen verteilt. Die größte Sammlung besitzt das Munch-Museum, das am Rande des Botanischen Gartens liegt. Wichtige Werke kann man aber auch in der Nationalgalerie betrachten. Außerdem befinden sich einige seiner Bilder in Bergen, in der Rasmus Meyer Sammlung.

58 Bronze-Figuren stehen im Vigelandspark

Die Nationalgalerie zeigt nicht nur die Meister vom Beginn der Moderne, hier bekommt man auch einen vortrefflichen Überblick zur norwegischen Landschaftsmalerei. Ihr bedeutendster Vertreter war Johan Christian Dahl (1788-1857), der zunächst in Kopenhagen und später in Dresden studierte. Dort freundete er sich mit dem deutschen Maler Caspar David Friedrich an, mit dem er eine Villa an der Elbe teilte. Bereits 1824 erhielt Dahl eine Professur an der Kunstakademie Dresden. Nach Norwegen kam er nur gelegentlich, denn die Reise war beschwerlich. In der Heimat fertigte er Skizzen, die später in Dresden zu Gemälden verarbeitet wurden. 1827 entstand auf diese Weise das Bild „Winter am Sognefjord". In der Nationalgalerie finden sich auch Werke von Johannes Flintoe, Thomas Fearnley und Peder Balke.

Ein Pflichtbesuch für Oslo-Besucher ist der Vigelandspark. Gustav Vigeland (1869-1943) hinterließ der Stadt schon zu Lebzeiten das Ergebnis seiner Schaffenswut: 1.600 Skulpturen, 12.000 Zeichnungen und 420 Holzschnitte, dazu übergab er eine Bibliothek, Briefe und Fotos. Ein Teil davon ist im Vigeland-Museum zu sehen, wo auch das Aufstellen des Monolithen im Vigelandspark dokumentiert ist. Eigentlich heißt die Anlage Frognerpark, doch die Werke des Bildhauers haben dazu geführt, dass man allgemein vom Vigelandspark spricht. 212 Skulpturen aus Stein und Bronze mit insgesamt etwa 600 Figuren reihen sich in einer 850 Meter langen Achse vom Haupteingang bis zum nordwestlichen Ende des Parks aneinander. Besonders beliebt ist der „Trotzkopf" ein kleiner Junge, der mit dem Fuß aufstampft. Den Schlusspunkt setzt der 17 Meter hohe Monolith.

Drei Steinmetze haben an dem Monolithen gearbeitet

Nasjonalgalleriet

▸ Karte 3, A4

- Universitetsgaten 13, www.nasjonalgalleriet.no Öffnungszeiten: Mo,Mi, Fr 10-18 Uhr, Do 10-20 Uhr, Sa 10-16 Uhr, So 11-16 Uhr, Eintritt: frei
- Das nationale Kunstmuseum zeigt norwegische Malerei seit dem 19. Jh., flämische Malerei des 17. Jh. sowie einige französische Impressionisten. Stark vertreten sind die norwegischen Landschaftsmaler und Edvard Munch.

Munch-Museet

▸ Karte 2, D4

- Tøyengata 53, www.munch.museum.no, Öffnungszeiten: Juni-Sep Mo-So 10-18 Uhr, Sep-Mai Di-Fr 10-16 Uhr, Sa-So 11-17 Uhr, Eintritt: Erw. 60 NOK, Kinder 30 NOK
- Edvard Munch war Norwegens bedeutendster Maler. Er vermachte sein Werk der Stadt Oslo, die zunächst mit den 1.111 Gemälden und über 18.000 graphischen Drucken überfordert war. Erst 19 Jahre nach Munchs Tod eröffnete 1963 das Munch-Museum. Neben der festen Ausstellung gibt es zusätzlich auch wechselnde Ausstellungen zu verschiedenen Aspekten seines Werkes.

Museet for samtidskunst

▸ Karte 3, C5

- Bankplassen 4, www.museet.no, Öffnungszeiten: Di, Mi, Fr 10-17 Uhr, Do 10-20 Uhr, Sa-So 11-16 Uhr Eintritt: Erw. 40 NOK, Kinder unter 16 Jahre frei
- Der protzige Bau war einst die Bank von Norwegen. Heute beherbergt das Gebäude das Museum für Gegenwartskunst. Interessante Wechselausstellungen.

Henie-Onstad Kunstzentrum

▸ Karte 1

- Sonia Henies vei 31, Sandvika, www.hok.no Öffnungszeiten: Di-Do 11-19 Uhr, Fr-So 11-18 Uhr Eintritt: Erw. 75 NOK, Kinder 25 NOK
- Sonia Henie (1912-1969) war Norwegens Eisprinzessin. Sie gewann drei Goldmedaillien (1928, 1932, 1936), war sechs Mal Europa- und zehn Mal hintereinander Weltmeisterin im Eiskunstlauf. In Hollywood machte sie Filmkarriere. Gemeinsam mit ihrem Ehemann, dem norwegischen Reeder und Kunstsammler Niels Onstad, gründete sie eine Stiftung, die das Kunstzentrum betreibt. Aus den 300 hinterlassenen Werken moderner Kunst sind inzwischen rund 2.000 geworden.

Eisprinzessin Sonia Henie förderte moderne Kunst

Astrup Fearnley Museet

▸ Karte 3, B5

- Dronnings gate 4, www.af-moma.no, Öffnungszeiten: Di, Mi, Fr 11-17 Uhr, Do 11-19 Uhr, Sa-So 12-17 Uhr Eintritt: Erw. 50 NOK, Kinder 25 NOK, Di gratis
- Moderne Kunst der Nachkriegszeit findet man in diesem ambitionierten privaten Museum, das 1993 eröffnet wurde.

Stenersenmuseet

▸ Karte 3, C3

- Munkedamsveien15, www.stenersen.museum.no Öffnungszeiten: Di, Do 11-19 Uhr, Mi, Fr-So 11-17 Uhr Eintritt: Erw. 40 NOK, Kinder 20 NOK
- Seine private Sammlung moderner Malerei vermachte Rolf Stenersen der Gemeinde Aker. Als sie eingemeindet wurde, fielen die Gemälde an die Stadt Oslo. Im Stenersen Museum finden sich Werke von Munch und anderen Expressionisten bis hin zur Gegenwartskunst.

Vigelandspark

▸ Karte 2, C-D3

- Haupteingang: Kirkeveien/Frognerparken www.museumsnett.no/vigelandmuseet Öffnungszeiten: frei zugänglich, Eintritt: frei
- Es gibt Fremdenführer, die für den 850 Meter lange Weg vom Tor des Vigelandsparks bis zum Monolithen eine Stunde brauchen, weil es so viel zu erzählen gibt. Die Anlage ist monumental, manche der Skulpturen sind es auch. Eine gewisse Leichtigkeit findet sich allenfalls in den Bronzefiguren auf der Brücke, während der Lebensfries und die Granitfiguren rund um den Monolithen ernst und bedeutungsschwer wirken.

Vigeland-Museet

▸ Karte 2, D2

- Nobelsgate 32, www.museumsnett.no/vigelandmuseet Öffnungszeiten: Mai-Sep Di-Sa 10-18 Uhr, So 12-18 Uhr, Okt-Apr Di-So 12-16 Uhr Eintritt: Erw. 40 NOK, Kinder 20 NOK
- Im benachbarten Museum kann man einen anderen Vigeland kennenlernen. Beispielsweise gibt es erotische Zeichnungen des Künstlers, die man dem Bildhauer nach dem Besuch des Parks nicht zugetraut hätte.

Ibsen-Museet

▸ Karte 3, B2

- Arbiens gate 1, www.norskfolke.museum.no/ibsen Öffnungszeiten: Mai-Sep 10-18 Uhr Sep-Mai Mo-Fr 11-15 Uhr, Sa-So 11-16 Uhr Eintritt: Erw. 75 NOK, Kinder 20 NOK
- In Ibsens letzter Wohnung in Oslo wurde dieses Museum eingerichtet. Es ist mit Ibsens Möbeln eingerichtet, die durch zeitgenössisches Mobiliar ergänzt wurden. Es ist, als sei der Dramatiker gerade erst gegangen.

Wo der Skisport zu Hause ist

In der Region Telemark wurde die feste Skibindung erfunden, aber in Oslo wurde sie zuerst ausprobiert

Bereits seit 1892 gibt es eine Sprungschanze am Holmenkollen

Sondre Norheim (1825-1897) war ein kleiner Handwerker aus Morgedal in der Region Telemark. Im Winter stellte er Kämme und andere nützliche Dinge her, im Sommer zog er nach Christiania, um die Waren zu verkaufen. Seine Hütte liegt oberhalb des Dorfes Mordedal in einem steilen Hang, sie kann besichtigt werden. Klar, dass der Mann im Winter Ski benutzte. Die übliche lose Schlaufe über den Spann reichte Sondre Norheim nicht, er flocht aus dünnen Zweigen und Rinde eine zweite Schlaufe, die um die Hacke führte. Damit war die feste Skibindung erfunden. Seitdem behauptet man in Telemark, dass dort die Wiege des modernen Skisports stehe.

In Christiania erregte Norheim mit seiner Bindung großes Aufsehen. Er soll ein sehr guter Skiläufer gewesen sein. Jedenfalls nahm er in Christiania an Rennen teil, und weil er die beste Ausrüstung besaß, gewann Norheim. Das war im Jahre 1868. Die neue Bindung setzte sich schnell durch und das Skilaufen wurde von einer Notwendigkeit zum Sport und Freizeitspaß.

Droben am Holmenkollen entstand ein neues Freizeitgebiet für die Stadt, deren Einwohnerzahl sich innerhalb weniger Jahre vervielfacht hatte: Von 11.000 Einwohnern im Jahr 1815 war Christiania 1890 auf 151.239 und zehn Jahre später bereits auf 227.626 Einwohner angewachsen! Die Stadt wuchs in alle Richtungen, auch den Berghang des Holmenkollen hinauf. Um diese Vororte anzuschließen, wurde die Holmenkollenbahn gebaut, die 1898 ihren Betrieb aufnahm. Sie war die erste elektrische Vorstadtbahn Norwegens und verkehrte anfangs nur von Majorstuen bis Slemdal. 1915 war die Strecke dann bis hinauf auf den Holmenkollen fertig. Die Endstation liegt seit 1916 bei Frognerseteren. Seter bedeutet soviel wie Alm, der Name meint also die Alm des Gutshofs Frogner unten im Tal. 1889 kaufte die Stadt das Waldgebiet rund um Frognerseteren mit der Absicht, hier ein Naherholungsgebiet auszuweisen. 1890 wurde die einzige Straße bis hier oben verlängert und im Beisein des deutschen Kaiser Wilhelm II eröffnet. Sieben Kilometer sind es vom Zentrum bis zur Alm, die auf einer Höhe von 437 Metern liegt. Die Gemeinde ließ auch das Restaurant erbauen, das 1891 zum ersten Mal seine Türen öffnete. Der Drachenstil sollte an die Wikingerzeit und die Ornamentik der Stabkirchen erinnern.

Vorsicht auf der Sprungschanze: Wer nicht schwindelfrei ist, kann ein Problem bekommen. Außerdem schwankt der Turm bei starkem Wind

371 Meter erhebt sich der Holmenkollen über dem Oslofjord, von oben bietet sich eine ebenso prächtige Aussicht auf die Stadt wie von Frognerseteren. Freien Blick in alle Richtungen hat man von dem Startplatz der Skispringer oben auf der Schanze. Durch die Säule des Turms führt ein Aufzug empor, das letzte Stück muss man die Treppen nehmen. Bei starkem Wind pfeift es nicht nur durch die Ritzen der Plexiglas-Scheiben, sondern der Turm schwankt auch spürbar. Das ist nicht gefährlich, aber unangenehm. Wie das wohl ist, hier hinunter zu sausen?

Die Antwort gibt der Skisimulator draußen vor der Sprungschanze: Hineinsetzen, die Luke schließt, es wird dunkel. Vor einem auf der Leinwand der Blick auf die eigenen Skier die Schanze hinab. Der Simulator neigt sich, die Kamera saust nach unten, es rüttelt in den

Auch wenn nicht gesprungen wird, ist die Schanze ein beliebter Treffpunkt für Skiläufer

Die Flugstile der Skispringer haben sich im Laufe der letzten hundert Jahre stark verändert

Knochen, als würde man wirklich selbst fliegen. Es folgt die Olympia-Abfahrt der Damen in Lillehammer. Wer solche Simulatoren nicht gewöhnt ist, kommt hier mit schweißnassen Händen heraus – toll gemacht!

Als die erste Schanze 1892 gebaut wurde, stand der Rekord bei 21,5 Metern – von Hand gemessen. Heute sind Weiten von über hundert Metern längst normal. Die verschiedenen Ausbau-Stadien der Holmenkollenschanze werden im Skimuseum gezeigt, das sich zu Füssen des Sprungturms befindet. Und über allem prangen dort die Olympischen Ringe.

Sondre Norheim mit der ersten festen Ski-Bindung

1952 war Oslo Austragungsort der Winterspiele. Es war das erste Mal, dass eine deutsche Mannschaft nach dem Zweiten Weltkrieg wieder an einer Olympiade teilnehmen durfte. Und das gerade in Norwegen, einem Land, dass die Deutschen besetzt hatten. Selten ist wohl bei einer Sportveranstaltung der olympische Gedanke so stark betont worden wie bei diesen Spielen. „Die Jugend hat am wenigsten zu vergessen und am meisten zu hoffen. Sie kann am unbekümmertsten Brücken bauen", hieß es in einem zeitgenössischen Bericht. Eigil Nansen, der Enkel des Polarforschers, durfte am 5. Februar das Olympische Feuer im Bislett-Stadion entzünden. Zuvor war es aus der Hütte von Sondre Norheim in Telemark nach Oslo gebracht worden. So geschah es erneut für die Winterspiele in Squaw Valley 1960 und in Lillehammer 1994. Es waren schon noch andere Zeiten damals: Der Eiskunstlauf der Damen fand unter freiem Himmel und vor 30.000 Zuschauern statt. Zu den Rennen der Eisläufer kamen gar 100.000 Besucher, die ihren Landsmann Hjalmar Andersen mit dem Schlachtruf „Hjallis! Hjallis!" zu drei Goldmedaillien trieben: Über 1.500, 5.000 und 10.000 Meter gewann der Norweger Gold. Der Höhepunkt aber fand oben auf dem Holmenkollen statt: 150.000 Zuschauer sahen den Spezialsprunglauf. Welch eine Stimmung muss das gewesen sein!

Im Sommer laden die Seen in Oslos Umgebung zu Kanu-Touren ein

Das Areal rund um den Holmenkollen und die Alm Frognerseteren ist das Naherholungsgebiet Nummer eins der Osloer geblieben, nicht nur im Winter. Im Sommer kann man hier oben vortrefflich wandern oder mit dem Mountain Bike über die Waldwege radeln. Es gibt auch geführte Mountain Bike Touren hier oben in den Bergen, wo das geografische Zentrum Oslos liegt. Und noch ein Tipp für Aktiv-Urlauber: Der See Bogstadvannet, der westlich etwas unterhalb des Holmenkollen liegt, ist ideal für eine kleine Kanu-Tour.

Sprungschanze Holmenkollen ▸ Karte 2, A2

- Kongeveien 5,www.skiforeningen.no/hk/tourist/#english Öffnungszeiten: Sep-Mai Mo-So 10-16 Uhr, Juni-Aug Mo-So 8.30-20.30 Uhr, Eintritt: Erw. 60 NOK, Kinder 30 NOK
- Die Sprungschanze wurde 1892 als Holzturm erbaut, seither wurde sie 14 mal umgebaut. 1952 fanden hier die Skisprung-Wettbewerbe der Olympischen Winterspiele statt. Der Turm kann bestiegen werden. Das Häuschen liegt 417 Meter über dem Oslofjord. Der Schanzenrekord liegt seit 2000 bei 132,50 m, gehalten von Sven Hannawald. Der Eingang zum Turm befindet sich im Skimuseum, der Eintrittspreis gilt für das Skimuseum und die Sprungschanze.

Skimuseum ▸ Karte 2, A2

- Kongeveien 5,www.skiforeningen.no/hk/tourist/#english Öffnungszeiten: Sep-Mai Mo-So 10-16 Uhr, Juni-Aug Mo-So 8.30-20.30 Uhr, Eintritt: Erw. 60 NOK, Kinder 30 NOK
- Im Skimuseum kann man die Entwicklung des Skisports verfolgen. Bereits in der Frühzeit wurde offensichtlich in Norden Ski gelaufen, wenn man die Felszeichnungen richtig interpretiert. Schöne Sammlung alter Fotos vom Skispringen.

Skøytemuseet ▸ Karte 2, C3

- Middethunsgate 26, beim Frogner Stadion, www.oslosk.no Öffnungszeiten: Di und Do 10-14 Uhr, So 11-14 Uhr Eintritt: Erw. 20 NOK, Kinder 10 NOK
- Wer schon immer einmal wissen wollte, wie es zum „doppelten Axel" beim Eiskunstlaufen kam, sollte das kleine Schlittschuhmuseum besuchen. Es basiert auf der Sammlung von Axel Paulsen (1855-1938), der den Sprung erfand.

Skiservice Tomm Murstad ▸ Karte 2, A1

- Tryvannsveien 2, Voksenkollen (vorletzte Haltestelle der Holmenkollenbahn) Tel. 22144665, www.skiservice.no
- Im Winter kann man hier Ski und im Sommer Fahrräder ausleihen. Reservierung per Telefon oder Internet sinnvoll.

Das Olympische Feuer brennt am Holmenkollen

BOSCH

Zwischen Parlament und Nationaltheater wird im Winter eine Eislaufbahn präpariert

Ob Fisch oder Wild, danach gibt's Kaffee

Die norwegischen Essgewohnheiten unterscheiden sich von den deutschen. Aber lecker schmeckt es!

Wenn in Norwegen von „middag" die Rede ist, meint man das Abendessen. Mittags spricht man wie im englischsprachigen Raum von Lunch. Das schreibt sich auf Norwegisch „lunsj". Solche Feinheiten sind schnell gelernt. Aber es gibt noch andere Unterschiede, mit denen deutsche Urlauber sich gelegentlich schwer tun. Dazu zählt auch die Frage nach der passenden Kleidung und der Tischwahl im Restaurant.

In den meisten Berufen wird in Norwegen Kleidung getragen, die bei uns unter die Rubrik „Freizeit" fällt: leger, ohne Krawatte und oft auch ohne Jacket bei den Herren. In vielen Firmen gibt es keine Kleidungsetikette, von wenigen Branchen abgesehen. Während in Deutschland der Chef oft Kostüm bei den Damen und und mindestens Schlips und Sakko bei den Herren erwartet, ist dies in Norwegen deutlich seltener. Wenn es aber zu der Frage kommt, was man abends für den Restaurantbesuch anzieht, drehen sich die Vorzeichen komplett: Für Norweger ist es völlig normal, sich dann in Schale zu werfen. Anzug und Krawatte gehören in vielen gehobenen Restaurants zum guten Ton. Wer dort als Deutscher in Freizeitkleidung auftaucht, wird sofort als Tourist entlarvt.

Natürlich gibt es gerade in einer Universitätsstadt wie Oslo auch Lokalitäten, wo man in legerer Atmosphäre gut essen kann. Aber ein wenig Fingerspitzengefühl in der Kleidungsfrage schadet nicht. Ähnlich verhält es sich mit dem Rauchen in Restaurants. Raucher werden kein Hotel finden, wo sie nach dem Frühstück im Restaurant rauchen dürfen. Auch beim Abendessen ist es oft nicht erwünscht. Eine freundliche Frage an den Kellner ist die beste Lösung.

Eine Frage der Etikette stellt sich auch beim Betreten des Restaurants. Vor allem abends ist es üblich, dass ein Tisch reserviert

Im Osloer Nachtleben glüht abends nicht nur der Himmel

wird. Steht am Eingang ein Pult mit einem aufgeschlagenen Buch, wird einem der Platz vom Oberkellner zugewiesen. Selbst wenn das Pult nicht besetzt ist, wartet man in den meisten Restaurants, bis ein Kellner kommt. Auf einen freien Tisch losstürzen darf man nur in der Cafeteria.

Nach dem Abendessen wird in Norwegen immer Kaffee angeboten, egal wie spät es ist. Vorsicht, der Kaffee ist oft recht stark

Die norwegischen Spezialitäten sind in erster Linie Fisch- und Wildgerichte. Über Jahrzehnte war es so, dass sich die Restaurants damit rühmten, internationale Küche auf der Karte zu haben. Glücklicherweise hat in den vergangenen Jahren hier ein deutlicher Wandel eingesetzt: Man besinnt sich wieder auf die eigenen Stärken, vor allem die heimischen Rohwaren. Bergforelle ist eine seltene (und deshalb leider teure) Delikatesse, die nordnorwegischen Moltebeeren sind beim Dessert zum Eis sehr beliebt. Rentierfleisch schmeckt leicht nach Wild und ist sehr lecker, während der Elch schon mal recht bissfest daher kommt. Die folgenden Restaurants sind in Preisklassen unterteilt:

- 🍷 Hauptgericht bis 100 NOK
- 🍷🍷 Hauptgericht bis 100 - 200 NOK
- 🍷🍷🍷 Hauptgericht über 200 NOK

Im Frognerseteren kann man vornehm speisen, es gibt aber auch einen urigen Raum mit Selbstbedienung

Anspruchsvolle Küche

Det Gamle Raadhus ▸ Karte 3, B5

- Nedre Slottsgt. 1, Christiania torv, Tel. 22420107
- Gehobenes Speiselokal im historischen Rathaus von 1641 im Zentrum des alten Christiania. Es ist bekannt für Wild- und Fischgerichte. So geschlossen. Garten im Hof als Empfehlung für mittags.

Im Theatercaféen ist das Gesehenwerden wichtiger als der Preis

Holmenkollen Restaurant ▸ Karte 2, B2

- Holmenkollveien 119, Holmenkollen, Tel. 22139200
- Café und Restaurant, das man wegen der herrlichen Aussicht wählt. Tisch am Fenster reservieren! Die Speisekarte bietet eine ordentliche Auswahl an norwegischen und internationalen Gerichten.

D/S Louise Restaurant & Bar ▸ Karte 3, C3

- Stranden 3, Aker Brygge, Tel. 22830060
- Für Freunde maritimer Umgebung gibt es Schiffsmodelle, Tauwerk und Wimpel. Teilweise mit Blick auf den Hafen. Angenehme, eher legere Atmosphäre. Essen und Preise auf gehobenem Niveau.

Engebret Café ▸ Karte 3, B5

- Bankplassen 1, Zentrum, Tel. 22822525
- Ältestes Restaurant Oslos aus dem 18. Jh. Das Smørbrød-Buffet zum Lunch oder aber diverse Fisch-und Wildgerichte stehen hier auf der Karte. Viele Fotos, Zeichnungen und Briefe von Schauspielern an den Wänden.

Det norske Hus ▸ Karte 3, B5

- Prinsensgt. 18, Zentrum, Tel. 22411210
- Viel Atmosphäre in den Gewölben in einem der ältesten Häuser Oslos. Spezialität: Wild in allen Variationen. Die Preise beinhalten einen Aufschlag für das Ambiente.

Auf ihre einheimischen Rohwaren sind die norwegischen Köche stolz

De Fem Stuer

▸ Karte 2, A1

▸ Kongeveien 26, Holmenkollen, Tel. 22922000

▸ Im historischen Teil des Holmenkollen Park Hotel gelegen. Das Restaurant ist aufgrund der 100 Jahre alten Tradition eine Art von Museum geworden. Optisch ein Hochgenuss, dem hohen Preis entsprechende Qualität der Speisen, aber sehr formelle Atmosphäre. Ohne Krawatte fühlt man(n) sich am Abend deplatziert.

Operacaféen

▸ Karte 2, D4

▸ Hollendergaten 8, Grønland, Tel. 22179010

▸ Auch wenn die Gegend im Stadtteil Grønland, in der das Operacafé liegt, nicht so schön ist, lohnt der Besuch für Freunde der Oper: Zum Essen werden nämlich Arien auf Bestellung gesungen. Pro Vortrag zahlt man 125 Kronen. Die Preise für das Essen liegen bei rund 30 Euro für ein dreigängiges Menü. Für den Weg empfiehlt sich ein Taxi! Nur Mi-So geöffnet, von Mitte Juni bis Mitte August geschlossen.

Stortorvets Gjestgiveri

▸ Karte 3, A5

▸ Grensen 1, Zentrum, Tel. 23356360

▸ Restaurant, Bar, Café und Konzerthalle. Direkt am Marktplatz in historischem Ambiente wird Do und Sa Jazz zum Besten gegeben. Von außen eher unscheinbar. Entspannte Atmosphäre. Während des Jazz-Festivals dient das Restaurant auch als Veranstaltungsraum für Konzerte.

Fischspezialitäten

Lofoten Fiskerestaurant

▸ Karte 3, C3

▸ Stranden 75, Aker Brygge, Tel. 22830808

▸ Fischspezialitäten in dezenter, gediegener Umgebung auf der Spitze von Aker Brygge. Viele Tische mit Blick auf den Hafen.

Trendy! Bars und Restaurants

Coma

▸ Karte 2, D4

- Helgesens gt. 16, Grünerløkka, Tel. 22353222
- Eine Bar, in der es sehr trendy zugeht – ideal für ein junges Publikum. Hier hat Popstar Robbie Williams bereits gefeiert. Wer bei einer Bar nur Getränke erwartet, wird positiv überrascht sein: Hier wird auch ein gutes Essen serviert.

Bar Fru Hagen

▸ Karte 2, D4

- Thorvald Meyer gt. 40, Grünerløkka, Tel. 22356871
- Mittags gibt es ein preiswertes Lunchmenü mit französischem Touch. Wer vegetarisch essen möchte, findet hier eine große Auswahl an Gerichten. Abends Bar und Restaurant mit einer jungen, lockeren Atmosphäre.

Oslo Spiseforretning

▸ Karte 2, E4

- Oslogate 15, Gamlebyen, Tel. 22626210
- Das alte Oslo liegt langsam wieder im Trend. In den verbliebenen Altbauten gibt es mehr als nur Eckkneipen. Oslo Spiseforretning ist modern, schlicht und auf das Wesentliche reduziert, was die Einrichtung angeht. Trotzdem ist die Atmosphäre warm. Gekocht wird auf hohem Niveau. Für den Abend einen besonderen Tipp wert!

Café M

▸ Karte 2, C3

- Valkyriegate 9, Majorstua, Tel.22603400
- In der Nähe von Vigelandspark und Schlittschuhmuseum liegt dieses Café-Restaurant, etwa 15 Minuten zu Fuß entfernt. Schön, dass im Sommer auch im Garten serviert wird. Bar und Café sind vom Restaurant getrennt, hier kann man mittags sowohl einen kleinen Snack als auch ein vollwertiges Gericht bekommen. Am Abend gestyltes, jüngeres Publikum.

Uteservering heißt, dass Tische draußen stehen

Kjøkken og Bar
▸ Karte 3, A5

▸ Møllergata 16, Zentrum, Tel. 22415006

▸ Wenn man in der Innenstadt etwa sucht, um mittags preiswert zu essen, empfiehlt sich dieses Café-Restaurant. Eignet sich sowohl als Café, als auch für Lunch und Abendessen.

Restaurants für jeden Tag

Markveien Mat og Vinhus Dr. Kneipps Vinbar
▸ Karte 2, D4

▸ Torvbakkgata 12, Grünerløkka, Tel. 22372297

Das Engebret Café liegt im Herzen des alten Christiania

▸ Zwei Empfehlungen unter einem Dach: Ein renommiertes Restaurant und eine Weinbar mit Snacks und Antipasti. Die Atmosphäre ist informell und für ein reiferes Publikum. So geschlossen.

Sans
▸ Karte 3, D5

▸ Nedre Vollgate 19, Zentrum, Tel. 22414300

▸ Modernes Design in ehrwürdigem Gebäude von 1896 direkt neben dem Storting. Die Einrichtung ist inspiriert vom Mittelmeer, das Ganze im minimalistischen Stil. Sehr elegant, eher formelle Atmosphäre. So geschlossen.

Restaurant Justisen
▸ Karte 3, A5

▸ Møllergata 15, Zentrum, Tel. 22422472

▸ Zentral liegt dieses recht trubelige Restaurant. Ruhe findet man hier weniger, dafür aber eine vielfältige Speisekarte und Räumlichkeiten aus dem Jahre 1820.

Santinos
▸ Karte 3, B4

▸ Tordenskjolds gt. 8-10, Zentrum, Tel. 22411622

▸ Vielleicht Oslos bester Italiener, günstig und sehr lecker! Eine farbenfrohe freundliche Atmosphäre erzeugt eine mediterrane Stimmung

Onkel Donald
▸ Karte 3, A4

▸ Universitetsgt. 26, Zentrum, Tel.23356310

▸ Großes Lokal, das je nach Tageszeit als Café, Restaurant und Bar dient. Viele Zeitungen, angenehme informelle Atmosphäre. Ticketschalter für Veranstaltungen.

Kleinigkeiten für zwischendurch

Brasserie Hansken
▶ Karte 3, B5

- Akersgata 2, Zentrum, Tel. 22426088
- Zwischen dem Parlament und der Festung Akershus liegt diese französische Brasserie, in der es auch italienische Gerichte gibt. Sehr netter Service. So geschlossen.

Pascal Brasserie
▶ Karte 3, B3

- Drammesveien 10, Zentrum, Tel. 22550020
- Die besten Kuchen der Stadt, behauptet jedenfalls die Konditorei. Bill Clinton muss es wissen, er ist hier schon spontan eingekehrt. Die Brasserie Pascal ist auch für Lunch oder Abendessen geeignet. Auch in der Tollbugata 11.

Frognerseteren
▶ Karte 2, A2

- Holmenkollveien 200, Holmenkollen, Tel. 22924040
- Der Klassiker als Ausflugslokal! Das Essen ist solide, traditionelle norwegische Gerichte in uriger Atmosphäre. Teils Cafeteria mit Selbstbedienung, teils Restaurant mit Service. Den schönsten Ausblick hat man vom ersten Stock. Sehr guter Apfelkuchen und angeblich Oslos bester Kakao.

Auch auf der trubeligen Karl Johans gate kann man draußen essen

Museumscafés für den kleinen Hunger

Café Edvard Munch
▶ Karte 2, D4

- Munch-Museum, Tøyengata 53, Tøyen, Tel. 23241400
- Im Munch-Museum gibt es eine Cafeteria mit großen Fenstern und einer Terrasse. Praktisch für die Kaffeepause oder eine warme Kleinigkeit zum Mittag, wenn man sowieso das Museum besucht.

Café Pascal
▶ Karte 3, A4

- Nationalgaleri, Universitetsgata 13, Zentrum, Tel. 22200404
- Die bekannte Konditorei-Kette ist nun auch in der Nationalgalerie vertreten. Hier gibt es zwischen den großen Meisterwerken kleine, süße Leckereien.

Rentierpullover, Trolle und Kunsthandwerk

Wer ein Souvenir sucht, findet in Norwegen vor allem Strickwaren, Lederwaren und traditionelles Kunsthandwerk

Was ragt da auf Kniehöhe aus dem Eingang des Ladens? Ein langer, bemalter Stock mit Haaren? Bitte jetzt nichts verkehrtes sagen! Das ist nämlich die Nase eines Trolls! Und wenn Trolle verstimmt sind, richten sie jede Menge Schabernack an. Mit einem Troll legt man sich also besser nicht an, man weiß ja nie, ob er nicht

Auf der Karl Johans gate liegen trotz der zentralen Lage auch viele kleine Läden

doch Deutsch versteht. Der Sage nach versteinert ein Troll, wenn er das Tageslicht erblickt. Die Trolle aber, die vor den Souvenirgeschäften von Oslo stehen, sind aus Holz oder gar aus Pappmaché – wahrscheinlich wären sie in Stein zu schwer.

Man muss sie nicht mögen, die häßlichen Jungs aus dem Wald. Weibliche Trolle gibt es zwar auch, sie sind aber seltener. Wer gerne einen Troll als Souvenir mit nach Hause nehmen möchte, kann ja einen im Hosentaschenformat kaufen. Es muss schließlich nicht der kniehohe Troll sein.

Beim Einkauf sollte man auf das Tax Free-Zeichen achten. Bei Einkäufen von mehr als 310 NOK bekommt man einen Teil der Steuer zurück

Norwegen hat nicht nur Trolle, sondern auch enorm viele Schafe. Sie liefern die Wolle für Pullover und Handschuhe. Das klassische Norweger-Muster findet sich bei Herstellern wie Dale of Norway, die aber auch moderne Dessins liefern können. Die Auswahl an Geschäften in Oslo ist sehr groß, ein genauer Vergleich lohnt sich. Dabei sollte man die Shops an Bord der Fährschiffe nicht außer Acht lassen, denn die Preise können sich sehen lassen.

Traditionelles Kunsthandwerk findet man bei Husfliden, was übersetzt soviel wie „Hausfleiß“ heißt. Husfliden in Oslo gibt es seit 1891. Hier werden originale Trachten verkauft, es gibt echten Silberschmuck, Holzarbeiten und Textilien. Selbst ganze Schränke mit Rosenmalerei sind bei Husfliden zu bekommen. Dabei kann man sich sicher sein, dass kein Touristen-Nepp „made in Fernost" unter den Waren zu finden ist.

Das Gegenstück zu Husfliden ist die Galerie Format im ehemaligen Westbahnhof. Hier kann man modernes norwegisches Kunsthandwerk sehen und erwerben. Dabei werden durchaus auch traditionelle Materialien oder Motive verwendet, doch Formen und Farben fließen zu einem ganz neuen Gesamteindruck zusammen.

Von der Karl Johans gate geht die Passage Paléet ab

Essbare Mitbringsel kommen meistens gut an. Rentierwurst und Moltebeeren-Marmelade zählen zu den beliebtesten Einkäufen. Auch bei diesen Dingen sei ein Blick in den Shop an Bord der Schiffe empfohlen. Worauf man noch achten sollte, wenn man etwas mehr Zeit hat, sind Kleidung und Schuhe. Vor allem im Schlussverkauf, wenn die Preise bis auf die Hälfte heruntergesetzt sind, kann man echte Schnäppchen machen. Aber es ist auch die andere Auswahl als daheim, die das Einkaufen in Oslo interessant macht: Das Angebot an richtigen Winterschuhen ist in Norwegen naturgemäß größer. Auch bei Outdoor-Kleidung oder Angel-Zubehör finde man häufig Waren, die es zu Hause nicht zu kaufen gibt. Bei größeren Summen lohnt es sich, Tax Free zu kaufen (s. A-Z-Teil).

Norway Designs

▸ Karte 3, B4

- Stortingsgatan 28, Zentrum, Tel. 23114510
  www.norwaydesigns.no
  Öffnungszeiten: Mo-Mi, Fr 9-17, Do 9-19, Sa 10-15 Uhr
- Schräg gegenüber vom Nationaltheater. Traditionelles wie Glaskunst, Keramik, Silberschmuck, aber auch modernes Küchendesign gibt es hier zu kaufen. Relativ große Auswahl.

Rafens

▸ Karte 3, A5

- Grensen 16, Zentrum, Tel. 22411803
- Drei Läden gibt es von Rafens in Oslo. Hauptsächlich geht es um stilvolle Kochgerätschaften, Haushaltswaren und Kücheneinrichtung.

Husfliden

▸ Karte 3, A5

- Lille Grensen 4, Zentrum, Tel. 24141280
  www.husfliden.as
  Öffnungszeiten: Mo-Mi, Fr 10-18, Do 10-19, Sa 10-16 Uhr
- Traditionsreiches Geschäft, in dem ausschließlich in Norwegen hergestellte Waren verkauft werden, darunter authentische Trachten und der dazugehörige Schmuck – so wie sie in Norwegen bis heute getragen werden. Husfliden gibt es in jeder größeren Stadt Norwegens.

Holm

▸ Karte 3, B4

- H. Heyerdahlsgt. 1, Zentrum, Tel. 22411574, www.thv-holm.no, Öffnungszeiten: Mo-Fr 9-17, Sa 9-15 Uhr
- In dem kleinen Laden beim Rathaus gibt es eine ordentliche Auswahl an Norweger-Pullovern. Dazu findet man die üblichen Souvenirs wie Trolle und Zinnbecher. Interessant ist der Laden für Liebhaber von Hüten. Vom Chapeau Claque bis zum Stetson gibt es alles, was den Herrenkopf ziert.

Im Weihnachtshaus in Drøbak kann man ganzjährig norwegische Weihnachtswichtel kaufen

William Schmidt

▶ Karte 3, A4

- Karl Johans gt. 41, Zentrum, Tel. 22420288 www.williamschmidt.no, Öffnungszeiten: 10-18 Uhr
- Und noch ein Laden mit Souvenirs und Strickpullovern. Man hat sich in Oslo auf Touristen eingestellt.

Maurtua

▶ Karte 3, B4

- Fr. Nansen plass 9, Zentrum, Tel. 22413164, www.maurtua.com
- Auf der einen Seite des Rathauses liegt Holm, auf der gegenüberliegenden Seite findet man Maurtua. Vielleicht haben die ja den Pullover in der passenden Größe?

Heimen Husflid

▶ Karte 3, B4

- Rosenkrantz gate 8, Zentrum, Tel. 23214200 www.heimen.net Öffnungszeiten: Mo-Mi, Fr 10-17, Do 10-18, Sa 10-15 Uhr
- Bewegt sich auf einem ähnlichen Niveau wie Husfliden. Klassische Trachten und Silberschmuck überwiegen, dazu gutes, klassisches Kunsthandwerk ohne Schnickschnack.

Juhls Silver Gallery

▶ Karte 3, B4

- Roald Amundsen gate 6, Zentrum www.juhls.no, Öffnungszeiten: Mo-Sa 9-18 Uhr
- Die Silberschmiede hat ihren Ursprung in Kautokeino in der norwegischen Region Finnmark. Der Silberschmuck aus Kautokeino ist inzwischen aber bis Oslo vorgedrungen.

Paléet

▶ Karte 3, A4

- Karl Johans gate 37-43, Zentrum Öffnungszeiten: 10-18 Uhr
- In der schicken Passage, die von der Karl Johans gate abgeht, gibt es auf zwei Etagen Boutiquen. Mit dem „Egon“ liegt im Erdgeschoss am östlichen Eingang ein preiswertes Restaurant. Im ersten Stock befindet sich ein Café für eine schnelle Tasse Kaffe zwischendurch. Am zweiten, westlichen Eingang gelangt man zu Tanums Buchhandel. Postkarten, Straßenkarten und Bildbände gibt es hier.

Trödelmärkte wie dieser in Drøbak sind eine Fundgrube

Glas Magasinet

▶ Karte 3, A5

- Stortorvet 9, Zentrum, Tel 22908700, www.glasmagasinet.no, Öffnungszeiten: 10-19 Uhr
- Das Kaufhaus führt hauptsächlich Glaswaren, aber auch viele andere Haushaltswaren und Souvenirs. Eine der klassischen Adressen in Oslo. Auch wenn man nichts kaufen will, lohnt es, einmal durch das Kaufhaus zu schlendern.

Kleine Pause in der Sonne am Hafen

Steen & Strøm

▶ Karte 3, B5

- Kongensgate 23, Zentrum, Tel. 22004000, www.stormagasin.no, Öffnungszeiten: Mo-Fr 10-19 Uhr, Sa 10-18 Uhr
- Eines der größten Kaufhäuser der Stadt: Über 7 Etagen verteilt kann man hier in 52 Geschäften bummeln. Lohnt einen Besuch, wenn man Kleidung kaufen möchte.

Fenaknoken

▶ Karte 3, B4

- Tordenskiolds gate 7, Zentrum, Tel. 22423457, www.fenaknoken.no
- Kulinarische Mitbringsel in toller Auswahl und bester Qualität bekommt man in diesem Spezialgeschäft. Die typisch norwegischen Schinken und Wurstwaren kann man auch per Internet bestellen – leider ist die Internetseite aber nur auf Norwegisch.

Villmarkshuset

▶ Karte 2, D4

- Christian Krohgs gate 16, Grünerløkka, Tel. 22050533, www.villmarkshuset.no, Öffnungszeiten: Mo-Fr 10-18 Uhr, Sa 10-15 Uhr
- Für alle Arten von Outdoor-Aktivitäten gibt es hier die passende Kleidung und das Zubehör, ob Angeln, Bergsport, Wassersport, Tauchen oder Jagd.

Galleri Format

▶ Karte 3, C3

- Brynjulf Bulls plass 2, Tel. 22015570, www.format.no Öffnungszeiten: Mo-Fr 11-18, Sa 11-16, So 12-16 Uhr
- Modernes Kunsthandwerk, farbenfroh und innovativ, kann man in der Galerie kaufen oder auch nur anschauen.

FEIESKJAR

Frischen Fisch gibt es beim Rathaus direkt vom Kutter

Kanäle, Fjorde und weite Höhen

Im Abstand von zwei bis drei Stunden Fahrzeit von Oslo findet man tolle Ausflugsziele

Oslo ist eine grüne Stadt. Schon in der Innenstadt fallen die Parks auf. Der Botanische Garten, der Frognerpark und der Schlosspark sind die bekanntesten, aber nicht die einzigen großen Grünflächen. Im Osten, auf dem Ekeberg, erstrecken sich

neben dem Campingplatz weite Wiesen. Und im Norden des Zentrums beginnen rund um den Holmenkollen ausgedehnte Wälder. Dort liegen allein drei größere Seen im Stadtgebiet. Man kann also sehr schnell einen guten Eindruck der abwechslungsreichen norwegischen Landschaft bekommen, selbst in der Hauptstadt.

Wenn trotzdem der Wunsch wach wird, noch mehr von Norwegen zu sehen, gibt es dazu verschiedene Möglichkeiten. So werden von Oslo aus durch verschiedene Unternehmen Bustouren angeboten. Auch die Reederei Color Line hat eine ganze Reihe von Kurzreisen im Programm. Einige werden mit dem eigenen PKW gefahren, andere mit der Bahn. Die dritte Möglichkeit sind individuelle Ausflüge mit dem eigenen Wagen.

Zu den Nahzielen von Oslo aus gehört zunächst einmal der Fjord selbst. Drøbak ist in etwa einer Stunde mit dem Schnellbus (Linie 541, verkehrt stündlich) oder dem eigenen Wagen erreicht. Charmant liegt das Dorf im Hang am Fjord. Drunten der kleine Hafen mit den Freitzeitbooten, darüber thront das Fischrestaurant Skipperstuen, das einen tollen Ausblick auf den Fjord bietet. Steile Gassen verbinden den Marktplatz mit dem Hafen.

An der Sørlandsküste gibt es traumhaft schöne Buchten

Eine gewisse Bekanntheit hat das Julehuset, das Weihnachtshaus, in Drøbak erreicht. Man wirbt damit, dass hier der norwegische

Weihnachtsmann zu Hause sei. Das ist nicht ganz richtig, denn in Norwegen ist der Weihnachtsmann ursprünglich nicht bekannt gewesen. Aber jeder Hof hatte seinen „Nisse", eine Art guten Hausgeist. Die alten Erzählungen von diesen Wichteln wurden mit denen vom Weihnachtsmann vermischt: Seither sind die Wichtel rot und sehen aus wie eine Miniaturausgabe vom Weihnachtsmann, nur ohne den langen Rauschebart. Im Julehuset gibt es jede Menge dieser Nisse zu sehen und zu kaufen. In der Vorweihnachtszeit ist das Julehuset sehr stimmungsvoll, aber im Hochsommer wirkt die Weihnachtsdekoration schon ein wenig seltsam.

In Drøbak am Oslofjord ist an jeder Ecke maritimes Flair zu spüren

Wenn man ohnehin auf der E6 Richtung Osten unterwegs ist, kann man auch der Altstadt von Fredrikstad einen Besuch abstatten. Wer sich für alte Kanäle und ihre Technik interessiert, sollte einmal von Halden auf der Straße 21 Richtung Ørje fahren. Die Strecke verläuft parallel zu einem alten Kanalsystem, das geschickt Flüsse und Seen miteinander verbindet. Unterwegs kann man einige historische Schleusen besichtigen, so bei Brekke, bei Strømfoss und bei Ørje, wo die 21 auf die E18 trifft. An der Schleuse gibt es ein niedliches Café, das auf einem Ponton im See schwimmt.

Die Stabkirche von Heddal in Telemark ist die größte ihrer Art

Das wichtigste Ausflugsziel im Nordwesten von Oslo ist der Tyrifjord. Auch wenn der Name so klingt, als handele es sich um einen Meeresarm, ist es doch „nur" ein See. Fjord-Feeling bekommt man trotzdem: Bis zu 700 Meter hoch sind die umliegenden Berge. In Vikersund steht eine der bekanntesten Skiflugschanzen des Nordens. Die meisten Ausflugsbusse biegen bei Hønefoss ab, um nach Jevnaker zu fahren. Dort befindet sich Hadeland Glassverk, die wohl bekannteste Glashütte Norwegens. Es gibt eine Cafeteria und einen Laden, in dem man Glaswaren zum Fabrikpreis einkaufen kann. Außerdem besteht die Möglichkeit, den Glasbläsern im Rahmen einer Führung bei der Arbeit zuzuschauen.

Einen tollen Blick auf Oslo hat man nicht nur vom Holmenkollen, sondern auch speziell abends vom Ekeberg unterhalb des Campingplatzes

Etwas mehr Zeit benötigt ein Abstecher zum Telemark Kanal, vor allem, wenn man ihn per Schiff befahren möchte. Man fährt nach Skien, das über den Fährhafen Larvik und die E18 oder von Drammen über die Straßen 32 und 40 zu erreichen ist. Von Oslo bis Skien sollte man mit rund zwei Stunden Fahrzeit rechnen.

Mit dem Bau des Telemark Kanals wurde 1854 begonnen. Der Wasserweg erstreckt sich über eine Gesamtlänge von 105 Kilometer, aber der geringste Teil davon ist gegrabener Kanal. Meist haben die Baumeister

Seen und Flussläufe geschickt miteinander verbunden. Die Höhendifferenz zwischen dem Ausgangspunkt bei Skien und dem Anleger von Dalen als Ziel beträgt immerhin 72 Meter. Drei Ausflugsschiffe sind auf dem Telemark Kanal unterwegs. Für die komplette Strecke muss man einen vollen Tag einplanen, wobei Busse die Gäste zurück an den Ausgangspunkt in Skien bringen.

Wer mit dem eigenen Wagen auf Rundreise ist, sollte die Sørlandsküste nicht verpassen. Schon wenn man den Oslofjord hinaus fährt, ob an Land oder auf dem Wasser, sieht man die vielen kleinen Inseln, die die Küste ab Tønsberg säumen. Das sind bereits die Vorboten der Sørlandsküste. Einen ersten Eindruck von der Schönheit dieser Uferlinie bekommt man bei Kragerø. Über 150 Kilometer zieht sich die zerklüftete Küste mit ihren Buchten, den vorgelagerten Inseln und Schären. Dazwischen immer wieder kleine Ortschaften wie weiße Punkte in der Landschaft: Risør, Lyngør, Tvedestrand und Arendal. Grimstad, Lillesand, Kristiansand und Mandal folgen weiter im Westen. Dass hier fast alle Häuser weiß sind,

An den Schleusen von Ørje schwimmt das Café

Die Holmenkollenbahn bringt einen schnell ins Grüne

hat eine lange Tradition: Die Küstenbevölkerung lebte stets von der Seefahrt. Man trieb Handel mit England, Holland und Deutschland. Wer es sich leisten konnte, kaufte im Ausland weiße Farbe – wenigsten die Front des Hauses musste weiß gestrichen sein. Das zeugte von Wohlstand. Außerdem hob man sich von den Bauern im Binnenland ab, die ihre Holzbauten mit Pech konservierten. Hier die dunklen, fast düsteren Bauernhöfe, dort die leuchtend weißen Häuser an der Küste: Was für ein Kontrast!

Auch wenn es über zehn Jahre her ist, verblasst ist der Glanz doch nicht: Lyngør gewann 1992 gegen eine starke internationale Konkurrenz den Preis als „besterhaltenes Dorf Europas". Dass dieses Dorf so gut bewahrt wurde, liegt zum einen an den tradtionsbewussten Einwohnern, aber auch an der Lage auf einer Insel. Es gibt nur Fußwege, aber keine Straßen für Autos. Die „Hauptstraße" ist ein schmaler Sund, der sich durch den Ort zieht. Beim Kaufmann gibt es eine Zapfsäule, wo die Boote betankt werden. Für eine Tour entlang der Sørlandsküste sollte man zwischen drei und sieben Tagen einplanen. Dabei lassen sich die Fähren von Hirtshals nach

In Hamar fand das Olympische Eishockey-Turnier statt

Kristiansand oder von Frederikshavn nach Larvik gut mit der Route Oslo-Kiel kombinieren.

Ein weiteres Ausflugsziel darf nicht unerwähnt bleiben, weil es von Oslo sowohl mit dem Auto als auch per Bahn einfach zu erreichen ist. Die Olympiastadt Lillehammer ist rund zweieinhalb Stunden entfernt und

Das grüne Herz von Oslo liegt zwischen Frognerseteren und dem Berg Tryvannshøgda

bietet eine ganze Reihe von Attraktionen. Die Olympia-Anlagen können nicht nur besichtigt werden: Auf der Bobbahn werden im Sommer rasante Fahrten angeboten. Im Viererbob, der auf Rädern rollt statt auf Kufen rutscht, geht es in wilder Fahrt die Bahn hinab – ein wahrlich atemberaubendes Erlebnis. Lillehammer ist eine Reise wert, nicht nur im Winter zum Ski laufen.

Color Line

- Postfach 6080, 24121 Kiel, Tel. 0431/73000
  www.colorline.com
- Neben den Kurztrips nach Oslo bietet die Reederei auch verschiedene Rundreisen in Norwegen an. Dazu gehört beispielsweise der Klassiker „Bergen mit der Bergenbahn“, wo neben Oslo auch die Hansestadt im Fjordland besucht wird. Eine zweite Rundreise führt ebenfalls mit der Bahn nach Bergen, Stavanger und Kristiansand. Nähere Informationen zu diesen und weiteren Programmen bei Color Line in Kiel.

H.M.Kristiansens Automobilbyrå

- Hegdehaugsveien 4, N-0167 Oslo, Tel. 23157300
  www.hmk.no
- HMK führt nicht nur die Stadtrundfahrten für Color Line durch, sondern bietet auch selbst Touren an. Dazu gehören sowohl Stadtrundfahrten als auch ein- oder zweitägige Ausflüge ins Fjordland. Komfortable Busse, souveräne Fahrer und gute Guides zeichnen HMK aus.

Julehuset

- Havnebakken 4, N-1440 Drøbak
  Tel. 64934178, www.julehus.no
  Öffnungszeiten: tgl. 10-18 Uhr, Dezember 10-20 Uhr
- Das Weihnachtshaus in Drøbak ist nett gemacht. Es ist aber mehr ein Weihnachtskaufhaus als ein Museum. Ob man im Sommer Lust auf Weihnachtsschmuck und Julenisser hat, muss jeder selbst wissen.

Soots Brygge & Kafé

- Vaagelsbye, N-1870 Ørje, Tel. 93066444
  www.sootsbrygge.no
  Öffnungszeiten: Mitte Juni bis dritte August-Woche
- Unter der Adresse kann man Fahrten auf dem Ausflugschiff „Turisten“ buchen, das auf dem Kanalsystem zwischen Halden und Ørje verkehrt. Das Schiff befährt auch die Schleuse von Brekke, die mit 26,70 Meter zu den ganz hohen ihrer Art gehört.

Telemarkreiser

- Nedre Hjellegate 18, N-3702 Skien, Tel. 35900020
  www.visitTelemark.com
- Das regionale Fremdenverkehrsamt informiert über den Telemark Kanal, Abfahrtszeiten und Preise. Hier kann man auch die Fahrt mit einem der drei Schiffe buchen.

Hadeland Glassverk

- N-3520 Jevnaker, Tel. 61316600
  www.hadeland-glassverk.no
- Die Glashütte bietet Führungen durch die Produktion an, bei denen man den Glasbläsern und den Schleifern zuschauen kann. Fabrikverkauf von Glaswaren und eine Cafeteria.

Schon vom Frognerseteren aus kann man gut wandern

Von wegen kühler Norden! Wenn es heiß wird, nehmen die Osloer gern ein Bad im Fjord

Gesundheit und Geld, Taxi und Telefon

Andere Länder, andere Sitten. Hier finden Sie alle wesentlichen Informationen und Adressen, damit im Urlaub keine Frage offen bleibt

Oslos grüne Lunge, der Botanische Garten

▼ Auskunft

Norwegisches Fremdenverkehrsamt
Neuer Wall 41, 20354 Hamburg
Tel. 0180/5001548, Fax 040/22710815
germany@nrt.no, www.visitnorway.com

Color Line
Norwegenkai, Postfach 60 80, 24121 Kiel
Tel. 0431/73000, Fax 0431/7300400
kundendienst@colorline.com, www.colorline.com

Tourist-Information Oslo
Fridtjof Nansens plass 5, Eing. Roald-Amundsens gate
N-0160 Oslo, Tel. +47/24147700, Fax +47/22429222
info@visitoslo.com, www.visitoslo.com

H.M.Kristiansens Automobilbyrå
Hedgehaugsvn 4, N- 0167 Oslo
Tel. +47/23157300, Fax +47/23157301
hmk@hmk.no, www.hmk.no

▼ Behinderte

In Norwegen versucht man, es Menschen mit körperlichen Behinderungen so leicht wie möglich zu machen. Rollstuhlgerechte Hauseingänge und Toiletten sind für öffentliche Gebäude vorgeschrieben. Color Line hat eine Broschüre herausgegeben, in der die Zugänglichkeit der Schiffe und Terminals für Behinderte erklärt wird.
Norges Handikapforbund
Schweigaardsgt. 12, N- 0185 Oslo
Tel. +47/24102400, Fax +47/24102499
nhf@nhf.no, www.nhf.no

▼ Diplomatische Vertretungen

Botschaft der Bundesrepublik Deutschland
Oscarsgate 45, N- 0258 Oslo
Tel. +47/23275400, Fax +47/22447672
post@deutschebotschaft.no, www.deutschebotschaft.no

Botschaft der Republik Österreich
Thomas Heftysgate 19-21, N-0244 Oslo
Tel. +47/22552348, Fax +47/22554361
oslo-ob@bmaa.gv.at, www.oeimausland.at

Botschaft der Schweiz
Bygdøy Allé 78, N-0268 Oslo
Tel. +47/22542390, Fax +47/22446350
vertretung@osl.rep.admin.ch, www.eda.admin.ch

Kgl. Norwegische Botschaft
Rauchstr. 1, 10787 Berlin
Tel. 030/505050, Fax 030/505055
emb.berlin@mfa.no, www.norwegen.org

▼ Einreise

Zur Einreise in Norwegen genügt ein Personalausweis oder Reisepass. Obwohl Norwegen nicht zur EU gehört, ist das Land dem Schengener Abkommen beigetreten. Pass- und Zollkontrollen werden an der Grenze also nur als Stichproben durchgeführt.

▼ Eintrittspreise

Die Eintrittspreise für Museen und andere Sehenswürdigkeiten liegen zwischen 20 und 60 NOK für Erwachsene. Kinder, Senioren und Schüler/Studierende bezahlen normalerweise die Hälfte.
Der Oslo-Pass gibt die Möglichkeit, die Mehrzahl der Osloer Museen gratis zu besichtigen.

Am Kieler Norwegenkai beginnt die Reise

Auch die Benutzung öffentlicher Verkehrsmittel ist im Preis eingeschlossen. Der Pass ist für einen (190 NOK), zwei (280 NOK) und drei Tage (370 NOK) erhältlich. Die Preise für Kinder liegen bei 60, 80 und 110 NOK. Es gibt auch eine Familienkarte für einen Tag. Bevor man den Oslo Pass kauft, sollte man jedoch überlegen, wieviele Museen man wirklich besuchen will.

Berittene Polizei gehört in Oslo zum Stadtbild

Eine Tageskarte für die Osloer Busse, Straßen- und U-Bahnen kostet 60 NOK, das entspricht drei Einzelfahrscheinen

▼ Feiertage

1. Januar (Neujahrstag)
Gründonnerstag
1. Mai (Tag der Arbeit)
17. Mai (Nationalfeiertag)
Christi Himmelfahrt
Pfingsten
25./26. Dezember (Weihnachten)

▼ Ferien

Die norwegischen Schulferien dauern ca. 8 Wochen, von Mitte Juni bis Mitte August. Im Winter gibt es Mitte Februar eine Woche schulfrei sowie zu Ostern noch einmal kurze Ferien.

▼ Geld

Die Landeswährung ist die Norwegische Krone (Abkürzung NOK). 100 Øre sind eine Krone, 100 NOK sind 12,24 Euro (Stand Dezember 2003). Es gibt 1000-, 500-, 100-, und 50-Kronen-Scheine, dazu 10-, 5-, und 1-Kronen-

Münzen sowie 50-Øre-Münzen. Alle gängigen Kreditkarten werden in Norwegen akzeptiert, vor allem Visa, EuroCard und American Express, seltener jedoch Diners Club. Bargeld bekommt man am günstigsten mit der normalen EC-Karte an den Bankautomaten (Bankomat, MiniBank). Beim Tausch von Bargeld in einer Bank bekommt man in der Regel einen etwas schlechteren Kurs.

▼ Kleidung

Ins Gepäck für eine Reise nach Norwegen gehören auf alle Fälle eine wetterfeste Jacke, ein warmer Pullover und festes Schuhwerk. Der Outdoorlook sollte jedoch vor dem Betreten eines Restaurants durch eine gepflegte Abendgarderobe ausgetauscht werden. Ein Jackett und eine Krawatte sollten möglichst auch in den Koffer gepackt werden.

▼ Medizinische Versorgung

Pflichtversicherte benötigen in Norwegen den europäischen Krankenschein E111, um kostenlos behandelt zu werden. Medikamente bekommt man nur in den staatlichen Apotheken, dazu wird in aller Regel ein Rezept benötigt. Es ist also ratsam, sich Medikamente, die regelmäßig genommen werden müssen, in ausreichender Menge von zu Hause mitzunehmen. Auf dem Lande kann die Distanz zwischen den Krankenhäu-

Leger sind die Norweger nur tagsüber. Abends empfiehlt sich elegante Kleidung

sern recht groß sein. In kleineren Orten übernehmen Ärztehäuser die Versorgung im Notfall.

▼ Notruf

In Norwegen gelten einheitliche Notrufnummern:
Feuerwehr 110
Polizei 112
Ambulanz 113

▼ Öffnungszeiten

Banken und Sparkassen haben in der Regel von 8-15.30 Uhr durchgehend geöffnet. Geschäfte müssen sich an kein Ladenschlussgesetz halten, dehalb haben Supermärkte meist bis 20 Uhr geöffnet, kleinere Läden schließen gegen 16 Uhr.

Ein echter Munch hängt im Osloer Rathaus

▼ Post

Postämter sind von Mo bis Fr von 8 oder 8.30 Uhr bis 16 oder 16.30 Uhr geöffnet, am Sa von 8 bis 13 Uhr. Briefmarken gibt es auch am Kiosk und manchmal auch in Schreibwarengeschäften.

Die gelben Briefkästen sind für Post innerhalb der Stadt oder der Region, die roten sind für die landesweite oder internationale Post bestimmt. Briefe und Postkarten benötigen drei bis vier Tage bis Deutschland.

▼ Rauchen

Raucher haben es nicht leicht in Norwegen. Hohe Steuern auf Zigaretten machen die Packungen teuer. Hinzu kommt ein allgemeines Rauchverbot in öffentlichen Gebäuden sowie in vielen Restaurants. Da die Norweger sich weitgehend an die Verbote halten, tut man als Tourist gut daran, sich an die Gepflogenheiten des Landes anzupassen.

In Oslo ist immer etwas los

Einen Veranstaltungskalender findet man im Internet unter www.visitoslo.com. Dort muss man zur Rubrik „Hva skjer?“ (norwegisch) oder „What's on“ (englisch) klicken. Deutsche „Was ist los?“-Seiten sucht man leider vergebens. In den Touristeninformationen am Rathaus und im Hauptbahnhof bekommt man das Heft „What's on“, das monatlich neu aufgelegt wird. Im folgenden sind nur jährlich wiederkehrende Veranstaltungen aufgeführt, das Datum kann von Jahr zu Jahr variieren.

▼ Februar

Holmenkollenmarsch

Mitte Februar findet der „Holmenkollmarsjen“ statt, ein 42 Kilometer langer Volkslauf auf Skiern. Teilnehmen darf jeder.

▼ März

Holmenkollen-Skifestival

Unter dem Namen Skifestival laufen verschiedene Veranstaltungen. Dazu zählen auch das World Cup Langlaufrennen, sowie die Wettbewerbe der Nordischen Kombination und der Skispringer. Findet meist am letzten Februar- oder ersten März-Wochenende statt

Internationales Kirchenmusikfestival

Mitte März findet in den Kirchen Oslos das angesehene Kirchenmusikfestival statt. www.oslokirkemusikkfestival.no

▼ Mai

Grete Waitz-Lauf

Der Grete Waitz-Lauf ist ein Volkslauf über fünf Kilometer nur für Frauen. Er findet traditionell in der ersten Mai-Hälfte statt, wobei über 30.000 Teilnehmerinnen gezählt werden.

Holmenkollenstaffel

Ein Volkslauf der besonderen Art, an dem vor allem Sportvereine teilnehmen: Jede Mannschaft besteht aus 15 Läufern, die als Staffel eine rund 17 Kilometer lange Strecke vom Zentrum zum Holmenkollen zurücklegen müssen.

Meist zweites Wochenende im Mai.
www.holmenkollstafetten.no

Norwegens Nationalfeiertag

Am 17. Mai stehen in Norwegen alle Betriebe still, dann wird der Nationalfeiertag gefeiert – und wie! Umzüge durch die Städte, viel Musik und viel Alkohol gehören dazu. Die Abiturienten ziehen gleich mit durch die Straßen.

Salsa-Festival

Immer an Himmelfahrt kommt Oslo richtig in Schwung: Dann findet auf dem Rathausplatz das sehenswerte Salsa-Festival statt. www.salsa-festival.com

▼ Juni

Norwegian Wood Rock-Festival

Eines der größten Rock-Festivals Norwegens, es findet immer Mitte Juni im Frognerbad statt. www.norwegianwood.no

▼ Juli

Sommerparade

Auch Oslo hat seine Love-Parade, nur ein wenig kleiner als in Berlin. Aber 40.000 Teilnehmer sind für Norwegen viel.
www.sommerparade.no

▼ August

Oslo Jazz Festival

Oslos Jazz Festival genießt auch international einen guten Ruf. Immer Mitte August. www.oslojazz.no

Kammermusikfestival

Über zehn Tage verteilt kann man in der ersten August-Hälfte über zwanzig Kammermusik-Konzerten lauschen.
www.oslokammermusikkfestival.no

▼ Oktober

Ultima

Ultima ist ein Festival für zeitgenössische Musik. 70 Events in zehn Tagen mit Konzerten und Klanginstallationen.
www.ultima.no

▼ Dezember

Verleihung des Friedensnobelpreises

Immer am 10. Dezember wird im Osloer Rathaus der Friedensnobelpreis verliehen. www.nobel.no

Mit der Straßenbahn kommt man in Oslo gut voran

▼ Reisewetter

Oslo hat ein angenehmes Klima, das eher ein Inlands- denn ein maritimes Klima ist. Die Winter sind oft knackig kalt, mit klarer Luft und blauem Himmel. Aufgrund der nördlichen Lage ist es Mitte Dezember kürzer hell als vergleichsweise in Frankfurt. Dafür sind die Tage ab dem 21. März bis zum 21. September im Norden länger hell. Die Mitternachtssonne ist zwar nicht zu sehen, aber Ende Juni wird es nachts nicht richtig dunkel. Der Sommer ist oft sonnig und trocken, wobei die Temperaturen in Oslo die 25-Grad-Marke locker knacken. Es gibt regelmäßig auch Tage mit über 30 Grad.

▼ Sprache

Es gibt zwei Schriftsprachen in Norwegen. Sie heißen Bokmål („Buchsprache“) und Nynorsk („Neunorwegisch“). Bokmål wird eher im Süden in den Städten gesprochen, Nynorsk auf dem Lande und im Norden. Bokmål hat viele Übereinstimmungen mit dem Dänischen, während Nynorsk eine Mischung aus den Dialekten und dem Altnordischen ist. Die beiden Sprachen liegen aber so nah beisammen, dass man sich problemlos versteht. Trotzdem gibt es in Postämtern und bei Behörden zwei verschiedene Formulare.

Es gibt einige besondere Buchstaben: Das å wurde früher aa geschrieben und wird wie ein offenes, langes o ausgesprochen, z.B. wie in Ofen. Das ø entspricht dem deutschen ö, das æ dem ä.

▼ Tax Free Einkaufen

Einen Teil der norwegischen Mehrwertsteuer kann man zurückbekommen. Geschäfte mit dem Tax Free-Zeichen versiegeln die Ware, die erst außerhalb des Landes benutzt werden darf und stellen Schecks aus. Diese können bei Ausreise an Bord der Fährschiffe oder am Flughafen eingelöst werden.

▼ Taxi

Oslo Taxi 02323, www.oslotaxi.no
Oslo Taxi Sightseeing 22388090
Fjordtaxi (Boot) 90040999

▼ Telefon

Norwegische Telefonnummern sind achtstellig, eine Ortsvorwahl gibt es nicht. Das Mobilfunknetz ist gut ausgebaut. Die Ländervorwahlen aus Norwegen lauten: D: 0049, A: 0043, CH: 0041, nach Norwegen: 0047

▼ Unterkunft

In Oslo gibt es zahlreiche Hotels, die durchweg empfehlenswert sind. Die Buchung über einen Reiseveranstalter oder Color Line ist meist günstiger als vor Ort.

▼ Zoll

Passkontrollen fallen in der Regel weg, die Zollbestimmungen aber bleiben und werden stichprobenweise kontrolliert. Vorsicht mit den Einfuhrmengen bei Alkohol und Zigaretten, die Bußgelder bei Überschreitung sind hoch.

Zu diesem kleinen Sommer-Restaurant kommt man nur per Taxiboot

Routenplan Color Line

Color Line verbindet auf fünf Routen Norwegen mit seinen Nachbarländern Dänemark, Deutschland und Schweden. Für deutsche Gäste sind neben der bekannten Route zwischen Kiel und Oslo vor allem die kurzen Strecken von Hirtshals nach Kristiansand und Oslo, sowie von Frederikshavn nach Larvik interessant.